OCaml 맨 처음부터

OCAML FROM THE VERY BEGINNING

*OCaml 맨 처음부터*에서 John Whitington은 현대식 범용 프로그래밍 언어를 가르치는 데 있어서 사전 지식이 없어도 학습 가능한 교수법을 택했다. 각각의 작고 독립적인 장은 독자가 상당히 실질적인 프로그램을 작성할 수 있을 때까지 새로운 주제를 소개하고 증축해 간다. 각 장에 연습문제가 많이 준비되어 있고, 초보자에게 없어서는 안 될, 상세한 해설을 덧붙인 모범 해답과 귀띔이 부록에 있다.

*OCaml 맨 처음부터*는 신참 프로그래머와 오캐믈과 같은 함수 언어를 탐구하고자 하는 숙련된 고참 프로그래머 모두에게 매력적일 것이다. 학부 또는 대학원 과정에서 공식적으로 사용하기에 적합하며, 함수 프로그래밍에 관심이 있는 애호가에게도 적합하다.

JOHN WHITINGTON은 오캐믈을 광범위하게 사용하는 소프트웨어 회사를 설립하였다. 그는 케임브리지대학교의 전산학과 학생들에게 함수 프로그래밍을 가르치고 있다.

인공지능 함수
OCaml
프로그래밍

OCaml from the very beginning

John Whitington 지음 | **배재학** 옮김

H 한티미디어

| 역자 약력 |

배재학(裵在鶴)

중앙대학교 전자계산학과 (학사)
KAIST 전산학과 (석사)
POSTECH 컴퓨터공학과 (박사)

(현재) 울산대학교 교수

인공지능 함수 OCaml 프로그래밍

발행일 2019년 12월 31일 초판 1쇄
지은이 John Whitington
옮긴이 배재학
펴낸이 김준호
펴낸곳 한티미디어 | **주 소** 서울시 마포구 동교로 23길 67 3층
등 록 제15-571호 2006년 5월 15일
전 화 02)332-7993~4 | **팩 스** 02)332-7995
I S B N 978-89-6421-386-5 (93000)
가 격 23,000원

마케팅 노호근 박재인 최상욱 김원국 | **관 리** 김지영 문지희
편 집 김은수 유채원 | **본 문** 이경은 | **표 지** 유채원
인 쇄 한프리프레스

이 책에 대한 의견이나 잘못된 내용에 대한 수정 정보는 한티미디어 홈페이지나 이메일로 알려주십시오.
독자님의 의견을 충분히 반영하도록 늘 노력하겠습니다.

홈페이지 www.hanteemedia.co.kr | **이메일** hantee@hanteemedia.co.kr

역자 서문

옮긴이는 인공지능 공부를 함수 프로그래밍에서 시작하였다. 함수 프로그래밍은 전산학 전공자나 프로그래밍 전문가라면 숙달하고 있어야 할 프로그래밍 틀, 즉 패러다임이다. OCaml은 범용의 실무형 함수 프로그래밍 언어이다. 이 책이 인공지능 프로그래밍, 함수 프로그래밍, 그리고 OCaml 프로그래밍을 향한 친절한 입문서의 역할을 하기 바란다.

서문

이 책은 케임브리지대학교 개인교습 제도 하에서 학생들에게 프로그래밍을 가르친 저자의 경험을 바탕으로 하고 있다. 특히, 학부 첫해 과정 과목 "전산학 기초" 수강생을 지도하였는데, 이 과목은 함수형 언어 Standard ML을 기반으로 프로그래밍의 기본 원리를 Lawrence C. Paulson 교수가 수년간 강의하였다.

다양한 배경을 가진 학생들을 지도할 때 드러나는 흥미로운 양상은, OCaml과 같은 ML 계통의 언어가 설정하는 공평한 경쟁의 장에서 전개된다. 학생 중에는 케임브리지 자연과학 교육과정 내에서 추가 과목으로 전산학을 선택했지만 사전 경험이 전혀 없는 경우도 있었고, 일부는 프로그래밍 경험이 이미 많은 경우도 있었다. 그런데 때때로, 프로그래밍 경험이 가장 적은 학생들이 학업 성취도는 가장 높은 경우가 있다는 것이다.

저자는 전제 조건이 없는 책을 쓰려고 노력했다. 총명한 학부생들이 소화할 수 있도록 고심하였고, 동시에 되도록 설명을 간명하게 하여 다른 프로그래밍 언어 구사자가 곤혹을 크게 느끼지 않도록 힘썼다.

프로그래밍 유경험자용 특별 참고 사항

내가 어렸을 때, 우리 학급은 처음으로 문서 작성기를 사용하고 있었다. 나는 쓸 이야기의 제목을 입력하고 싶었다. 그래서 첫 줄에 타자한 다음 깜박이를 제목 시작 부분에 놓고 제목이 대략 중간에 올 때까지 공백 글쇠를 누르고 있었다. 내 친구가 치중 기능을 사용하는 방법을 가르쳐 주었지만, 더 복잡해 보여서 익숙한 내 방식을 고수했다. 어찌 되었건 그것은 효과가 있었다. 물론, 나중에 자신감과 노련함이 쌓였을 때 그가 옳았다는 것을 깨달았다.

이전에 경험한 언어와 근본적으로 다른 언어를 배우기 시작할 때에는, 새 언어의 장점을 파악하기가 힘들 수가 있다. 그래서 새 언어의 온갖 개념을 아는 언어로 생각해 내려고 노력하게 된다. 그렇지만 나는 지금 당신이 공백 글쇠를 누르고 있는 소년일 수도 있다는 생각을 해 보라고 권하고 싶다.

감사의 말

아무래도 이 책의 교수학습법은 Lawrence C. Paulson 교수님께 신세를 지고 있다. 그분의 강의록과 그분의 저서 "ML for the Working Programmer"(Cambridge University Press, 1996)에서 큰 도움을 받았다. 제11장의 연습문제 3번은 그분의 시험 문제에서 영감을 받은 것이다. 저자는 2000년 가을 Paulson 교수님과 Andrei Serjantov에게서 Standard ML을 배웠다. MarkShinwell은 유익한 토론의 변함없는 원천이다. Robin Walker 교수와 후임자 Andrew Rice 교수는 저자가 2004년부터 가르친 Queens' College에서 개인교습 체계를 관장하고 있다. 프로그램 작성에 쾌적한 개발 환경을 제공해 준 OCaml 개발자들에게도 감사한다. 이전 초안에 대한 유용한 의견은 Martin DeMello, Damien Doligez, Arthur Guillon, Zhi Han, Robert Jakob, Xavier Leroy, Florent Monnier, 그리고 Benjamin Pierce 등이 제시해 주었다. 그리고 물론 나의 모든 학생들에게도 감사한다. 그 학생들 중 일부는 현재 OCaml로 일하면서 생활하고 있다.

시작 준비

이 책은 *컴퓨터 프로그램(computer program)*을 작성하고 그것으로 컴퓨터를 가르쳐서 새로운 일을 하게 만드는 것을 다룬다. 사람의 대화용 언어가 다른 것처럼, 사람이 컴퓨터에게 말할 때 쓰는 *프로그래밍 언어(programming language)*도 다르다.

이 책에서는 **오캐믈(OCaml)**이라는 프로그래밍 언어를 사용할 것이다. 오캐믈 프로그래밍 시스템이 이미 컴퓨터에 설치되어 있거나, 그렇지 않으면 인터넷에서 찾아서 직접 설치해야 할 수도 있겠다. 다음과 같은 출력물을 볼 수 있다면, 오캐믈 프로그래밍 시스템을 작동하게 만들었다는 것을 확인한 것이다.

```
        OCaml

#
```

현재 오캐믈 프로그래밍 시스템은 사용자가 무언가를 입력하기를 기다리고 있다. ⒈ [Space Bar] ([Shift]+[＋=]) [Space Bar] ⒉ [;] [;] 를 타자하고 [Enter↵] 글쇠로 마쳐 보라. 다음을 보게 될 것이다. 여기에서 ([Shift]+[＋=])는 [Shift]를 누른 상태에서 [＋=]를 누른다는 것을 뜻한다.

OCaml

```
# 1 + 2;;
-: int = 3
```

오캐믈 프로그래밍 시스템이 계산 결과를 보여 준다. 시스템을 종료하려면 exit 0 명령을 타자하고 ;;로 다시 마쳐서 시스템에게 타자 입력을 완료했음을 알린다.

OCaml

```
# exit 0;;
```

그러면 오캐믈 프로그래밍 시스템을 시작하기 이전의 상태로 돌아와 있어야 한다. 잘못 타자한 경우에는 Ctrl-C 즉 Ctrl를 누른 상태에서 C를 누른다. 이렇게 하면 다음과 같이 입력을 다시 시작할 수 있다.

OCaml

```
# 1 + 3^CInterrupted
# 1 + 2;;
- : int = 3
```

이제 시작할 준비가 되었다.

CONTENTS

CHAPTER **1**

시작

이 장에서는 상당한 양의 교육 자료와 함께 관련 문제들을 다루게 될 것이다. 그 이유는 발판으로 삼을 확고한 기반을 구축해야 하기 때문이다. 이 장을 공부할 때는 오캐믈(OCaml)을 실행하는 컴퓨터 앞에서 실험해 보면서 읽어야 할 것이다.

먼저 수식 $1 + 2 \times 3$을 생각해 보자. 어떤 결과가 나올까? 어떻게 한 것인가? 수행한 과정을 다음과 같이 보일 수 있겠다.

$$1 + 2 \times 3$$
$$\implies \quad 1 + 6$$
$$\implies \quad 7$$

1과 2를 더하는 대신 2와 3을 먼저 곱하는 것을 어떻게 알았는가? 언제 멈추어야 할지 어떻게 알았는가? 각 단계에서 처리하는 부분 수식을 밑줄로 강조해 보자.

$$1 + \underline{2 \times 3}$$
$$\implies \quad \underline{1 + 6}$$
$$\implies \quad 7$$

각 단계에서 처리할 부분 수식의 선택은, 익숙한 수학 규칙을 적용한 것이다. 예를 들어, 곱하기는 더하기보다 먼저 수행해야 한다. 멈추어야 할 때는, 수식을 더 이상 처리할 수 없을 경우이다.

오캐믈로 작성한 컴퓨터 프로그램은 꼭 이 표현식과 같다. 답을 도출하기 위해서 컴퓨터는 규칙을 모두 알고 있어야 한다. 그 규칙은 사람이 표현식을 올바르게 처리하는 방법에 대한 것이다. 사실, $1 + 2 \times 3$은 유효한 수학적 표현식일 뿐만 아니라 유효한 오캐믈 표현식이지만, 자판에 곱셈 연산자 $\times$가 붙어 있는 글쇠가 없으므로 $\times$ 대신에 *를 사용한다. 다음 예를 보자.

```
          OCaml
# 1 + 2 * 3;;
- : int = 7
```

여기에서 #은 수식을 입력하라고 재촉하는 오캐믈의 쑤시개(prompt, 프롬프트)이고, "1 + 2 * 3;;"은 사용자가 입력한 내용이다. (쌍반점 ⦂ 두 개 다음에 Enter⏎를 치면 오캐믈에게 수식 입력을 끝냈음을 알리는 것이다.) 오캐믈은 7로 응답한다. 오캐믈은 "int"도 출력한다. 이는 대답이 정수(*integer*)임을 나타낸다.

앞의 예제 수식을 좀 더 자세히 살펴보겠다. *연산자*(*operator*) 두 개가 있다. +와 ×가 그것이다. *연산재*(*operand*)는 세 개가 있다. 1, 2 그리고 3이다. 수식은 손으로 적을 때나 오캐믈에게 타자할 때도 가독성(readability)을 향상시키려고 연산자와 연산재 사이에 공백을 넣는다. 오캐믈은 이를 어떻게 처리할까? 우선, 작성된 문구는 1, +, 2, *, 그리고 3 등의 기본 요소로 분리되어야 한다. 그런 다음 오캐믈은 연산자와 연산재의 순서와 종류를 확인하고, 수식을 괄호로 묶는 방법을 결정한다. 그 결과 "(1 + (2 × 3))"를 얻는다. 이제 수식을 평가하기 위해서는 괄호 구역 각각의 값을 구해야 하는데, 가장 안쪽에 있는 것부터 시작하되, 처리할 괄호가 없는 경우 중지한다.

$$\begin{aligned} & (1 + \underline{(2 \times 3)}) \\ \implies & \underline{(1 + 6)} \\ \implies & 7 \end{aligned}$$

오캐믈은 × 연산을 + 연산보다 먼저 수행해야 하는 것과, 수식을 괄호로 올바르게 묶는 법을 알고 있다. 이러한 경우 × 연산자가 + 연산자보다 *우선순위*(*precedence*)*가 높다*고 한다.

수식(*expression*, *표현식*)은 타당한(valid) 오캐믈 프로그램이다. 답을 얻기 위해,

오캐믈은 수식을 *평가*하는데, 특별한 종류의 수식인 *값*(*value*)을 도출한다. 앞의 예에서 본 $1 + 2 \times 3$, $1 + 6$, 그리고 7 등은 모두 수식이지만 7만은 값이다.

수식에는 *유형*(*type*)이 있다. 따라서 값에도 유형이 있다. 7의 유형은 int(정수)이다. 표현식 $1 + 6$과 $1 + 2 \times 3$의 유형도 그 값이 int 유형의 값으로 평가되기 때문에 int 유형이다. 수식의 유형은 하위 수식의 유형과 수식 구성법을 고려하여 알아낼 수 있다. 예를 들어, $1 + 6$의 유형이 int인데 그 이유는, 1의 유형이 int이고 6도 int이며 그리고 + 연산자(operator)는 두 개의 정수 연산재(operand)를 취하여 유형이 정수인 합을 도출하기 때문이다. 다음은 정수에 대하여 정의된 수학 연산자이다.

연산자	설명
$a + b$	더하기
$a - b$	빼기
$a * b$	곱하기
a / b	a를 b로 나눈 몫
$a \bmod b$	a를 b로 나눈 나머지

mod, * 그리고 / 연산자는 + 및 − 연산자보다 우선순위가 높다. 표에 있는 어떤 연산자를 $\oplus$라고 했을 때, $a \oplus b \oplus c$는 $a \oplus (b \oplus c)$가 아닌 $(a \oplus b) \oplus c$와 같다. 이러한 특성이 있는 $\oplus$를 *좌결합적*(*left associative*) 연산자라고 한다. 종이에 계산을 할 때, 쌍점(콜론, colon) 다음에 수식의 유형을 적어 두고 그 유형을 염두에 두는 경우가 있다. (음수는 − 부호로 시작한다.)

```
5 * -2 : int
```

물론 int뿐만 아니라 그 보다 더 많은 유형이 있다. 때로는 수 대신에 진릿값을 다루고 싶을 때가 있다. 무언가가 참이거나 또는 거짓임을 따지는 경우이다. 이를 위해 *부울 값(boolean value)*임을 나타내는 bool 유형을 사용한다. 유형의 이름은 이러한 용법을 개척한 영국 수학자 George Boole(1815~1864)에서 유래했다. bool 유형의 값은 두 가지뿐이다.

```
true
false
```

이러한 값을 어떻게 사용할 수 있을까? 한 가지 방법은, 값을 서로 비교할 때 쓰는 *비교 연산자(comparison operator)* 중에서 하나를 골라 사용하는 것이다. 다음 예를 보자.

```
       OCaml

# 99 > 100;;
- : bool = false
# 4 + 3 + 2 + 1 = 10;;
- : bool = true
```

다음은 모든 비교 연산자이다.

연산자	설명
$a = b$	a와 b가 같으면 true
$a < b$	a가 b보다 작으면 true
$a <= b$	a가 b보다 작거나 같으면 true
$a > b$	a가 b보다 크면 true
$a >= b$	a가 b보다 크거나 같으면 true
$a <> b$	a와 b가 서로 다르면 true

연산자에 정해진 연산재 유형을 무시하고 연산자를 사용하려고 하면, 오캐믈이 그러한 프로그램을 전혀 용인하지 않고 실수를 저지른 위치에 밑줄을 그어 표시한다.

OCaml

```
# 1 + true;;
Error: This expression has type bool but an expression was expected of type int
```

책 말미의 부록 "오류에 대처하기"에서 오캐믈의 오류 문구에 대한 자세한 정보를 찾을 수 있다.

부울값을 결합시킬 때 사용하는 연산자에는 두 가지가 있다. (예를 들어, 비교 연산자를 사용한 결과를 결합시키는 경우를 생각하자.) 표현식 a && b는 a와 b가 모두 true로 평가되는 경우에만 true로 평가된다. 표현식 a || b는 a가 true로 평가되거나 b가 true로 평가되거나 또는 둘 다 true로 평가되는 경우에만 true로 평가된다. && 연산자("and"로 발음)가 || 연산자("or"로 발음)보다 우선순위가 높다. 그러므로 표현식 a && b || c는 표현식 (a && b) || c와 같다.

사용할 세 번째 유형은 char인데, 'a' 또는 '?'와 같은 단일 *문자*(character)를 포함한다. 표현할 단일 문자는 작은따옴표(single quotation mark)로 묶는다.

OCaml

```
# 'c';;
- : char = 'c'
```

지금까지는 +, mod, 그리고 = 등의 연산자만 살펴보았는데, 익숙한 수학 연산자처럼 보이는 것들이었다. 그러나 프로그래밍 언어의 많은 표현 구조는 약간 낯설게 보일 것이다. 예를 들면, 어떤 검사 결과를 근거로 평가 과정을 선택하는 데 **if ... then ... else ...** 표현 구조를 사용한다.

OCaml

```
# if 100 > 99 then 0 else 1;;
- : int = 0
```

if와 **then** 사이의 표현식(앞의 예에서는 100 > 99)은 **bool** 유형이어야 하고 **true** 또는 **false**로 평가된다. **true**인 경우 선택할 표현식과 **false**인 경우 선택할 표현식의 유형이 서로 같아야 하는데, 앞의 예에서는 둘 다 **int** 유형이다. 전체 표현식은 동일한 유형 **int**로 평가되는데, 그 이유는 **then** 부분 또는 **else** 부분이 전체 표현식을 평가한 결과로 선택되기 때문이다.

```
        bool        int       int
if   100 > 99    then   0   else   1
                   int
```

이 장에서 다룬 내용이 많기는 하지만, 흥미로운 프로그램을 작성하려면 이러한 기본 도구가 모두 필요하다. 계속 진도를 나가기 전에 종이로, 컴퓨터로 또는 둘 다를 가지고 연습문제를 반드시 해결하도록 하라. 귀띔과 해답은 책 뒤에 있다.

연습문제

1. 다음 표현식의 유형은 무엇이며, 평가 결과치는 무엇이고, 왜 그러한가?

   ```
   17
   1 + 2 * 3 + 4
   800 / 80 / 8
   400 > 200
   1 <> 1
   true || false
   true && false
   if true then false else true
   '%'
   'a' + 'b'
   ```

2. 표현식 1 + 2 mod 3, (1 + 2) mod 3 및 1 + (2 mod 3)의 평가를 고려하자. + 및 mod 연산자에 대해 어떤 결론을 제시할 수 있을까?

3. 프로그래머가 1+2 * 3+4라고 썼다고 한다. 이 표현식의 평가치는 무엇일까? 그 사람에게 어떤 조언을 해야 할까?

4. 오캐믈로 표현하여 사용할 수 있는 수의 범위는 제한되어 있다. min_int와 max_int 라는 두 가지의 특수한 수가 있다. 사용 중인 컴퓨터에서 그것들은 어떤 값을 나타 낼까? max_int + 1 및 min_int − 1이라는 표현식을 평가하면 어떻게 될까?

5. 표현식 1 / 0을 평가하려고 하면 어떻게 될까? 왜 그럴까?

6. 연산재 중 하나 또는 모두가 음수일 때 mod 연산자가 어떻게 작동할까? 첫 번째 연 산재가 영(0)이면 어떻게 될까? 두 번째가 영(0)이라면?

7. 진릿값을 그저 정수로 표현하지 않는 이유, 예를 들어, 정수 0을 사용하여 false를 나타내고 정수 1로써 true를 표현하지 않는 이유는 무엇일까? 왜 별도의 bool 유형이 있을까?

8. < 및 >와 같은 비교 연산자가 char 유형의 글자값에 적용된 결과는 무엇일까? 예를 들어, 'p' < 'q'의 평가치는 무엇일까? 부울값 true 및 false에 대해서 비교 연산자를 적용하면 어떤 효과가 나타날까?

복습

1 정수는 min_int ... -3 -2 -1 0 1 2 3 ... max_int까지의 수이고 그 유형은 int이다. 부울값은 true 및 false이고 그 유형은 bool이다. 문자는 'X' 및 '!'와 같은 것으로 그 유형은 char이다.

수학 연산자 + - * / mod는, 정수 두 개를 연산재로 취하고 그 결과치는 새로운 정수 이다.

연산자 = < <= > >= <> 등으로 두 값을 비교하고 그 결과치는 true 또는 false가 된다.

조건문 **if** *expression1* **then** *expression2* **else** *expression3*에서, *expression1*은 bool 유 형이고, *expression2*와 *expression3*은 서로 동일한 유형이다.

부울 연산자에는 && 및 ||가 있고 이를 적용하여 합성(compound) 부울 표현식을 만들 수 있다.

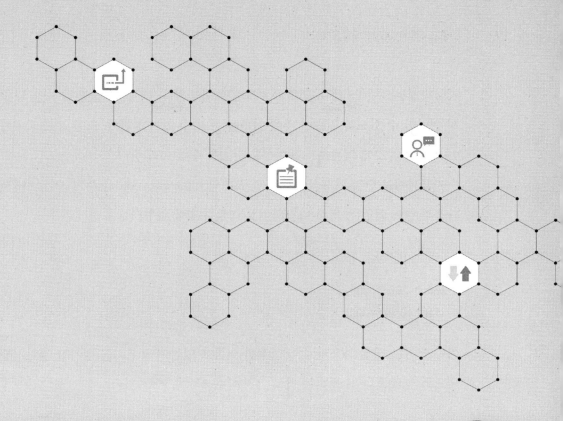

CHAPTER **2**

이름과 함수

지금까지는 작은 장난감 같은 프로그램만 만들었다. 더 큰 것을 만들려면, 나중에 다시 언급할 수 있도록 필요한 것에 이름을 붙일 수 있어야 한다. 또한 그 결과치가 하나 이상의 다른 것에 의존하는 표현식을 작성할 수 있어야 한다.

지금까지는 단일 표현식에서 하위 표현식(sub-expression)을 두 번 이상 사용하려면 다음과 같이 여러 번 반복 타자하여 입력할 수밖에 없었다.

OCaml

```
# 200 * 200 * 200;;
- : int = 8000000
```

이렇게 하는 대신 다음과 같이 고유한 이름을 만들어 표현식을 평가한 결과치를 나타내도록 정의한 다음, 원하는 대로 그 이름을 사용할 수도 있다.

OCaml

```
# let x = 200;;
val x : int = 200
# x * x * x;;
- : int = 8000000
```

앞의 모든 것을 단일 표현식으로 작성하려면 **let ... = ... in** 표현 구조를 사용할 수도 있다.

OCaml

```
# let x = 200 in x * x * x;;
- : int = 8000000
# let a = 500 in (let b = a * a in a + b);;
- : int = 250500
```

또한 다음과 같이 입력값에 따라 값이 정해지는 *함수*(*function*)를 만들 수도 있다. 이 입력을 *인수*(*argument*)라고 부른다. 이 책의 뒷부분에서는 "입력"이라는 단어가 다른 어떤 것을 의미하게 될 것이다.

OCaml

```
# let cube x = x * x * x;;
val cube : int -> int = <fun>
# cube 200;;
- : int = 8000000
```

함수 이름을 cube로, 인수 이름은 x로 정했다. 함수를 타자하여 입력했을 때, 오캐믈은 그 유형이 int → int이라고 반응하였다. 그 의미는 cube가 정수 하나를 인수로 취하는 함수이며, 인수가 주어질 때 정수로 평가된다는 것이다. 함수를 사용하려면, 함수명 뒤에 합당한 인수를 쓰면 된다. 이 예에서는 cube 함수에 200을 인수로 입력하여 200^3을 계산하였다.

cube 함수의 유형은 int → int이기 때문에, 정수 200을 입력하면 그에 따라 결과도 또 다른 정수이다. 따라서 표현식 cube 200의 유형은 **int**이다. 참고로, 어떤 표현식의 유형은 그 표현식의 평가 결과치의 유형이다. 그래서 cube 200은 8000000으로 평가되고 이는 정수이다. 그림으로 나타낸다면, 다음과 같다.

인수의 유형이 합당하지 않으면, 다음과 같이 프로그램 실행이 거부된다.

OCaml

```
# let cube x = x * x * x;;
val cube : int -> int = <fun>
# cube false;;
Error: This expression has type bool but an expression was expected of type int
```

다음은 주어진 정수가 음수인지 확인하는 함수이다.

OCaml

```
# let neg x = if x < 0 then true else false;;
val neg : int -> bool = <fun>
# neg (-30);;                    표현식 neg - 30과 구별하기 위해 괄호를 사용하였다.
- : bool = true
```

그런데 이것은 물론 그저 다음과 같이 쓰는 것과 동등하다.

OCaml

```
# let neg x = x < 0;;
val neg : int -> bool = <fun>
# neg (-30);;
- : bool = true
```

그 이유는 표현식 x < 0가 자체적으로 합당한 부울값으로 평가되기 때문인데, x가 0보다 작으면 true이고, 그렇지 않으면 false이다. 이제 다음은 char → bool 유형의 다른 함수를 보겠다. 주어진 문자가 모음인지 아닌지를 확인하는 함수이다.

```
OCaml
```

```
# let isvowel c =
    c = 'a' || c = 'e' || c = 'i' || c = 'o' || c = 'u';;
val isvowel : char -> bool = <fun>
# isvowel 'x';;
- : bool = false
```

주목할 것은 함수를 두 줄로 입력했다는 점이다. 그렇게 하려면 행을 바꾸고 싶은 자리에서 Enter↵ 글쇠(key)를 누르면 된다. ;; 다음에 Enter↵ 글쇠를 누르면, 평소대로 오캐믈은 한 행의 입력 타자가 끝났다고 간주한다. 주목할 만한 또 다른 사항은, Space Bar 글쇠를 몇 번 눌러서 두 번째 줄이 첫 번째 줄보다 약간 오른쪽에서 시작하도록 했다는 것이다. 이를 *들여쓰기*(indentation)라고 하는데, 프로그램의 의미에 전혀 영향을 미치지 않으면서 가독성(readability) 향상을 꾀할 수 있는 방법이다.

함수에는 하나 이상의 인수가 있을 수 있다. 예를 들어 다음은 두 숫자가 합하여 10이 되는지 확인하는 함수이다.

```
OCaml
```

```
# let addtoten a b =
    a + b = 10;;
val addtoten : int -> int -> bool = <fun>
# addtoten 6 4;;
- : bool = true
```

이 함수의 유형은 int → int → bool인데 그 이유는 인수가 모두 정수이고 결과는 부울값이기 때문이다. 이전과 같은 방식으로 함수를 사용하지만 이번에는 두 개의 정수를 써서 함수에서 필요한 각 인숫값으로 제공하였다.

재귀 함수(*recursive function*)는 함숫값 계산 과정에서 스스로를 호출하여 사용하는 함수이다. 주어진 수의 계승을 계산한다고 할 때, 수학에서 4!이라고 쓰는 4의 계승 값은 4 × 3 × 2 × 1로 계산한다. 다음에 양수의 계승을 계산하는 재귀 함수를 보였다. 주목할 만한 사실은, 함수 정의부에서 스스로를 호출하여 사용하고 있음을 볼 수 있다.

```
        OCaml

# let rec factorial a =
     if a = 1 then 1 else a * factorial (a - 1);;
val factorial : int -> int = <fun>
# factorial 4;;
- : int = 24
```

재귀 함수임을 나타내려고 **let** 대신에 **let rec**를 사용하였다. 표현식 factorial 4의 평가는 어떻게 진행될까?

     factorial 4

$\Longrightarrow$ 4 * factorial 3

$\Longrightarrow$ 4 * (3 * factorial 2)

$\Longrightarrow$ 4 * (3 * (2 * factorial 1))

$\Longrightarrow$ 4 * (3 * (2 * 1))

$\Longrightarrow$ 4 * (3 * 2)

$\Longrightarrow$ 4 * 6

$\Longrightarrow$ 24

처음 세 단계의 경우, 조건부 표현식의 **else** 부분이 선택되는데, 그 이유는 인수 a가 1 보다 크기 때문이다. 인수가 1과 같으면, factorial 함수를 다시 사용하여 계승값을 계산하지 않고, 평가치를 바로 1로 정한다. 모두 곱셈으로 구성된 표현식은 식의 값이 확정될 때까지 평가된다. 이 평가치는 표현식 전체를 평가한 결과이다. 재귀 함수의 실행이 끝나지 않을 수 있는 경우가 종종 있다. factorial (-1)을 평가하려고 하면 어떻게 될까?

$$
\begin{array}{ll}
& \text{factorial (-1)} \\
\Longrightarrow & \text{-1 * factorial (-2)} \\
\Longrightarrow & \text{-1 * (-2 * factorial (-3))} \\
\Longrightarrow & \text{-1 * (-2 * (-3 * factorial (-4)))} \\
\vdots & \vdots
\end{array}
$$

표현식은 계속 확장되고 재귀는 반복해서 일어날 것이다. 유용하게도, 오캐믈은 무슨 일이 일어나고 있었는지 알려준다.

```
        OCaml
# let rec factorial a =
    if a = 1 then 1 else a * factorial (a - 1);;
val factorial : int -> int = <fun>
# factorial (-1);;
Stack overflow during evaluation (looping recursion?).
```

이것은 오류의 예인데, 오캐믈이 그저 프로그램의 자구적인 표현만을 보고서는 찾아낼 수가 없는 오류 부류에 드는 것이다. 표현식 평가 과정에서만 감지될 수 있는 오류이다. 이 책의 뒷부분에서, 함수 사용자가 이러한 실수를 하지 않게 하는 방법을 보게 될 것이다.

계산 문제를 해결하는 가장 오래된 해법(알고리즘, *algorithm*) 중의 하나이지만, 유클리드 호제법(互除法, Euclid's algorithm)은 지금도 여전히 보편적으로 사용된다. 호제법은 두 수의 최대 공약수를 계산하는 해법이다. 호제법은 두 개의 양의 정수 a와 b가 주어졌을 때, 가장 큰 양의 정수 c를 찾는 해법인데, 여기에서 c는 나눗셈 $a \div c$ 및 $b \div c$의 나머지가 0이 되게 하는 수이다. 유클리드는 그리스의 수학자인데, 예수보다 약 3세기 전에 살았던 사람이다. 호제법은 간단한데, 두 인수가 있는 함수로 간단히 작성할 수 있다.

OCaml

```
# let rec gcd a b =
    if b = 0 then a else gcd b (a mod b);;
val gcd : int -> int -> int = <fun>
# gcd 64000 3456;;
- : int = 128
```

평가 과정은 다음과 같다.

$$
\begin{array}{rl}
& \text{gcd 64000 3456} \\
\Longrightarrow & \text{gcd 3456 1792} \\
\Longrightarrow & \text{gcd 1792 1664} \\
\Longrightarrow & \text{gcd 1664 128} \\
\Longrightarrow & \text{gcd 128 0} \\
\Longrightarrow & 128
\end{array}
$$

끝으로, 부울값을 계산하는 간단한 함수를 보겠다. 이전 장에서 && 및 || 연산자를 살펴보았는데, 오캐믈에 내장된 연산자들이었다. 다른 중요한 부울 연산자는 not 함수이다. 이 함수는 인수의 부울 반대값 곧 부울 보수(complement)값을 반환한다. 즉, 인수가 false이면 true를 반환하고, 반대로 인수가 true이면 false를 반환한다. 이것도 내장

함수이지만 bool → bool 유형의 함수로 사용자가 따로 정의할 수 있을 만큼 쉽다.

OCaml

```
# let not x =
      if x then false else true;;
val not : bool -> bool = <fun>
# not true;;
- : bool = false
```

개발자가 작성하는 거의 모든 프로그램에는 이와 같은 함수와 함께 더 큰 함수가 여럿 포함될 것이다. 사실, 오캐믈과 같은 언어를 일컬어 종종 *함수형 언어*(*functional language*)라고 한다.

📋 연습문제

1. 주어진 수에 10을 곱하는 함수를 작성하라. 이 함수의 유형은 무엇인가?

2. 두 인수가 모두 0이 아닌 경우 true를 반환하고 그렇지 않으면 false를 반환하는 함수를 작성하라. 이 함수의 유형은 무엇인가?

3. 자연수 n이 주어지면 합계 $1 + 2 + 3 + \ldots + n$을 계산하는 재귀 함수를 작성하라. 이 함수의 유형은 무엇인가?

4. x의 n승 값을 계산하는 함수 power x n을 작성하라. 이 함수의 유형은 무엇인가?

5. 함수 isconsonant를 작성하되, 'a'...'z' 범위의 소문자가 주어질 때 그것이 자음인지 판단하게 하라.

6. 표현식 let x = 1 in let x = 2 in x + x의 결과치를 말하라.

7. 앞에서 본 factorial 함수에서는 인수가 0 또는 음수인 경우 비종료 사태가 발생한다. 이를 방지하는 방법을 제안해 보라.

복습

1 정수는 min_int ... -3 -2 -1 0 1 2 3 ... max_int까지의 수이고 그 유형은 int이다. 부울값은 true 및 false이고 그 유형은 bool이다. 문자는 'X' 및 '!'와 같은 것으로 그 유형은 char이다.

수학 연산자 + - * / mod는, 정수 두 개를 연산재로 취하고 그 결과치는 새로운 정수이다.

연산자 = < <= > >= <> 등으로 두 값을 비교하고 그 결과치는 true 또는 false가 된다.

조건문 **if** *expression1* **then** *expression2* **else** *expression3*에서, *expression1*은 bool 유형이고, *expression2*와 *expression3*은 서로 동일한 유형이다.

부울 연산자에는 && 및 ||가 있고 이를 적용하여 합성(compound) 부울 표현식을 만들 수 있다.

2 표현식의 평가치에 이름을 부여하는 데 **let** *name* = *expression* 구문을 사용한다. 합성 표현식(compound expression)을 작성하는 데에는 **let** *name1* = *expression1* **in** **let** *name2* = *expression2* **in** ... 구문을 사용한다.

함수는 **let** *name argument1 argument2* ... = *expression* 형식으로 정의한다. 이러한 함수의 유형은 $\alpha \rightarrow \beta$, $\alpha \rightarrow \beta \rightarrow \gamma$ 또는 ... 등으로 규정되는데, 여기에서 α, β, γ, ... 등도 각각 유형이다.

재귀 함수도 같은 방식으로 정의하지만 **let** 대신 **let rec**를 사용한다.

표기법 참고사항

이제부터는 다음과 같이 오캐믈의 실제 회기(세션, session)을 표시하는 대신에,

```
OCaml
```

```
# let rec factorial a =
    if a = 1 then 1 else a * factorial (a - 1);;
val factorial : int -> int = <fun>
```

통례적으로 다만 프로그램을 그 유형과 함께 글상자에 넣어서 보이겠다.

```
factorial : int → int

let rec factorial a =
   if a = 1 then 1 else a * factorial (a - 1)
```

프로그램을 문서 편집 프로그램으로 작성한 뒤, 오캐믈 프로그래밍 시스템으로 복사하여 붙여 넣기를 원한다면 그렇게 할 수도 있다. 이 때 꼭 빠뜨리지 말아야 할 것은, 문장 끝에는 마침표가 있듯이 프로그램의 각 문장 끝에서 입력이 완료되었음을 ;;을 타자하여 오캐믈에게 알려야 한다는 것이다.

나중에 더 큰 프로그램을 작성할 때, 외부 파일에 저장된 프로그램을 오캐믈 프로그래밍 시스템으로 읽어 들여 적재하는 방법을 살펴보겠다.

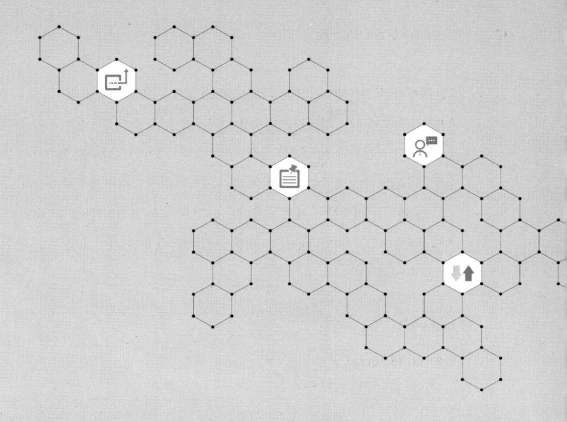

CHAPTER **3**

사례별 처리

이전 장에서는 조건식(conditional expression) **if ... then ... else ...**를 사용하여 결과치가 인수에 따라 결정되는 함수를 정의하였다. 그 중 일부에서는 조건식 안에 조건식을 두어 조건식의 켜(nest)를 이루어야 했었다. 그런 프로그램은 읽기가 여간 어렵지 않으며 검토할 사례 수가 증가함에 따라 크기와 복잡도가 빠르게 증가한다.

오캐믈에서는 선택할 사례를 묘사하기 위한 더 나은 표현법을 쓸 수 있다. 바로 *문양 어울림*(*pattern matching*)이다. 예를 들어 이미 공부한 적이 있는 계승 함수를 떠올려 보자.

```
factorial : int → int

let rec factorial a =
    if a = 1 then 1 else a * factorial (a - 1)
```

문양 어울림을 사용하여 이것을 다음과 같이 재작성할 수 있다.

```
factorial : int → int

let rec factorial a =
    match a with
      1 -> 1
    | _ -> a * factorial (a - 1)
```

함수 정의부를 다음과 같이 읽을 수 있다. "a가 문양 1과 어울리는지 확인하라. 만일 그러하다면 바로 1을 반환하라. 그렇지 않은 경우, 문양 _와 어울리는지 확인하라. 만일 그러하다면, 결과치는 a * factorial (a - 1)이다." 문양 _은 특별한데, 이 문양은 어떤 모양하고도 어울릴 수 있다. 이전 장에서 공부한 적이 있는 **isvowel** 함수를 떠올려 보자.

```
isvowel : char → bool

let isvowel c =
c = 'a' || c = 'e' || c = 'i' || c = 'o' || c = 'u'
```

문양 어울림을 사용하여 이것을 재작성하는 방법은 다음과 같다.

```
isvowel : char → bool

let isvowel c =
  match c with
    'a' -> true
  | 'e' -> true
  | 'i' -> true
  | 'o' -> true
  | 'u' -> true
  | _  -> false
```

고려 대상 사례에서 누락이 있다는 것을 알면 오캐믈이 다음과 같이 경고한다.

```
         OCaml

# let isvowel c =
    match c with
      'a' -> true
    | 'e' -> true
    | 'i' -> true
    | 'o' -> true
```

```
      | 'u' -> true;;
Warning 8: this pattern-matching is not exhaustive.
Here is an example of a value that is not matched:
'b'
val isvowel : char -> bool
```

경고는 했지만 오캐믈이 프로그램을 거부하지는 않았다. 그 이유는 고의로 사례를 누락시킨 합당한 이유가 있을 수 있기 때문이다. 하지만 지금은 모든 문양 어울림 사례가 완비되었는지 확인해야 한다. 주목해야 할 것은, true를 다섯 번 반복해야 했었다는 사실이다. 계산해야 할 표현식이 더 복잡했으면 프로그램이 어줍게 될 뻔하였다. 다음과 같이 문양을 결합하면 프로그램이 정갈하게 된다.

```
isvowel : char → bool

let isvowel c =
   match c with
     'a' | 'e' | 'i' | 'o' | 'u' -> true
   | _  -> false
```

끝으로, 이전 장에서 본 호제법 프로그램을 재작성해 보자. 다음과 같은 프로그램이었다.

```
gcd : int → int → int

let rec gcd a b =
   if b = 0 then a else gcd b (a mod b)
```

이제는 프로그램을 문양 어울림 문체로 표현하여 다음과 같이 만들 수 있다.

```
gcd : int → int → int

let rec gcd a b =
    match b with
      0 -> a
    | _ -> gcd b (a mod b)
```

표현식 **match ... with ...** 전체 유형은, 화살표 **->** 각각의 오른쪽에 있는 표현식의 유형에 따라 결정되는데, 다음 예와 같이 그 유형은 모두 같아야 한다.

$$\underbrace{\text{match b with 0 -> } \underbrace{\text{a}}_{\text{int}} \text{ | \_ -> } \underbrace{\text{gcd b (a mod b)}}_{\text{int}}}_{\text{int}}$$

문양 어울림은 **if ... then ... else ...** 표현식을 사용하는 것보다 읽기 쉽고 이해하기 쉬울 경우에는 언제든지 사용한다.

연습문제

1. 이전 장의 not 함수를 문양 어울림 문체로 재작성하라.

2. 양의 정수 n이 주어지면, 1에서 n까지의 정수 합계를 계산하여 반환하는 재귀 함수를 작성하되 문양 어울림을 사용하라.

3. 두 개의 수 x와 n이 주어지면 x^n을 계산하는 함수를 작성하되 문양 어울림을 사용하라.

4. 대체로 문양 어울림을 쓰면 함수 읽기가 더 쉬워지게 된다. 이러한 사실을 앞의 세 가지 문제 각각에 대해 생각해 보고 성립 여부에 대한 의견을 말하라. 함수가 복잡해서 훨씬 크게 될 경우 그 의견에 변화가 있을까? 그 이유는 무엇일까?

5. 표현식 `match 1 + 1 with 2 -> match 2 + 2 with 3 -> 4 | 4 -> 5`의 결과치를 말하라.

6. 연속적인 문자 범위를 나타내는 특수 문양 x..y가 있다. 예를 들어 'a'..'z'는 어떤 소문자하고도 어울린다. 이 문양을 활용하여 함수 islower와 isupper를 작성하라. 이들은 각각 주어진 문자가 소문자인지 대문자인지를 판정하는 함수인데 char → bool 유형이다.

복습

1 정수는 min_int ... -3 -2 -1 0 1 2 3 ... max_int까지의 수이고 그 유형은 int이다. 부울값은 true 및 false이고 그 유형은 bool이다. 문자는 'X' 및 '!'와 같은 것으로 그 유형은 char이다.

수학 연산자 + - * / mod는, 정수 두 개를 연산재로 취하고 그 결과치는 새로운 정수이다.

연산자 = < <= > >= <> 등으로 두 값을 비교하고 그 결과치는 true 또는 false가 된다.

조건문 **if** *expression1* **then** *expression2* **else** *expression3*에서, *expression1*은 bool 유형이고, *expression2*와 *expression3*은 서로 동일한 유형이다.

부울 연산자에는 && 및 ||가 있고 이를 적용하여 합성(compound) 부울 표현식을 만들 수 있다.

2 표현식의 평가치에 이름을 부여하는 데 **let** *name* = *expression* 구문을 사용한다. 합성 표현식(compound expression)을 작성하는 데에는 **let** *name1* = *expression1* **in** **let** *name2* = *expression2* **in** ... 구문을 사용한다.

함수는 **let** *name argument1 argument2* ... = *expression* 형식으로 정의한다. 이러한 함수의 유형은 $\alpha \rightarrow \beta$, $\alpha \rightarrow \beta \rightarrow \gamma$ 또는 ... 등으로 규정되는데, 여기에서 α, β, γ, ... 등도 각각 유형이다.

재귀 함수도 같은 방식으로 정의하지만 let 대신 let rec를 사용한다.

3 문양 어울림 구문 구조의 일반형은, **match** *expression1* **with** *pattern1* | ... -> *expression2* | *pattern2* | ... -> *expression3* | ...이다. 이 구조 안에서 *pattern_i* | ... -> *expression_{i+1}* 형식의 표현식을 볼 수 있는데, 이 경우의 세로대(|, vertical bar)는 문양을 합성하는 문양 연산자이다. 표현식 *expression2*, *expression3*, ... 등은 서로 같은 유형이어야 한다. 이것이 표현식 **match** ... **with** ... 전체의 유형이 된다.

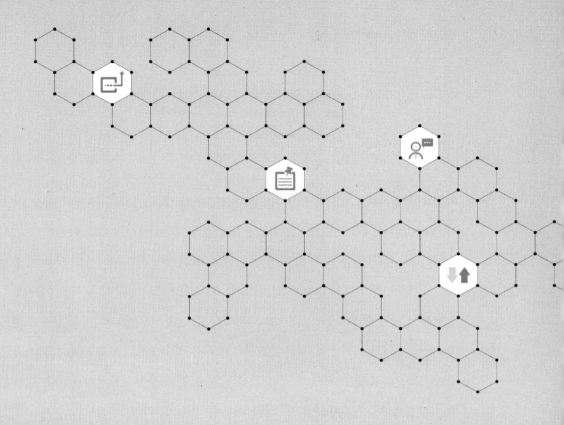

CHAPTER **4**

띠 만들기

띠(list)는 요소(element)의 모임이다. 다음은 정수 세 개로 이루어진 띠이다.

[1; 2; 3]

띠를 작성할 때는, 요소를 쌍반점(세미콜론, semicolon)으로 구분하여 대괄호 [와] 사이에 나열한다. 위의 띠는 유형이 int list인데, 그 이유는 정수로 이루어진 띠이기 때문이다. 띠 안에 있는 모든 요소는 동일한 유형이어야 한다. 띠 안에 있는 요소는 순서대로 정렬된 것이다. 달리 말해서, [1; 2; 3]과 [2; 3; 1]은 같은 띠가 아니다.

 띠에서 첫 번째 요소는 *머리*(head)라고 하고, 이를 제외한 나머지를 뭉뚱그려서 *꼬리* (*tail*)라고 부른다. 위에서 예로 든 띠는, 머리가 정수 1이고 꼬리는 [2; 3]이라는 띠이었다. 따라서 꼬리가, 원래 속했던 전체 띠와 동일한 유형임을 알 수 있다. 다음은 요소가 없는 띠인데, "빈(empty) 띠" 또는 때로는 "무(nil)"라고 부른다.

[]

비어 있는 띠에는 머리도 꼬리도 없다. 다음은 요소 하나만으로 이루어진 띠이다.

[5]

이 띠의 머리는 정수 5이고 꼬리는 빈 띠 []이다. 이를 통해 비어 있지 않은 모든 띠에는 머리와 꼬리가 모두 있음을 알 수 있다. 띠에는 정수, 부울, 함수, 심지어 다른 띠 등 모든 유형의 요소가 포함될 수 있다. 예를 들어 다음은 bool 유형의 요소가 포함된 띠이다.

[false; true; false] : bool list

오캐믈에서는 띠에 적용할 수 있는 두 개의 연산자가 정의되어 있다. "cons(구성, construct)"로 발음하는 :: 연산자는 기존 띠 앞에 단일 요소를 추가할 때 사용한다.

$$\text{false :: [true; false]}$$
$$\implies \quad \text{[false; true; false]}$$

cons 연산은 연산재로 제공되는 띠의 길이에 무관하게 일정한 시간 안에 완료된다. " append(부가)"로 발음하는 @ 연산자는 두 띠를 이어 붙이는 데 사용한다.

$$\text{[1; 2] @ [3; 4; 5]}$$
$$\implies \quad \text{[1; 2; 3; 4; 5]}$$

append 연산의 실행 시간은, @ 연산자의 왼쪽 연산재 띠의 길이에 비례하여 결정된다. 즉, 길이가 100인 띠의 경우는 길이가 50인 띠의 경우보다 시간이 약 두 배가 걸린다는 것이다. 곧 그 이유를 알게 될 것이다.

이제 띠를 활용하여 어떻게 함수를 작성할 수 있을까? 새로운 유형의 문양과 함께 평소처럼 문양 어울림을 사용할 수 있다. 예를 들어, 다음은 띠가 비어 있는지 알아보는 함수이다.

```
isnil : α list → bool

let isnil l =
   match l with
     [] -> true                         띠가 비어 있다.
   | _ -> false                         띠에 적어도 요소 하나는 있다.
```

함수의 인수 유형은 α list이다. 여기에서 α는 유형 변수(type variable)인데, 오캐믈에서는 'a라고 쓴다. 유형을 명시하지 않고 변수를 사용한 이유는, 이 함수가 띠 안의 개별 요소를 검사하지 않고 단지 띠가 비어 있는지 여부만을 확인하기 때문이다. 따라서 이 함수는 어떤 유형의 띠에도 적용할 수 있다. 이제부터 그리스 문자 α, β, γ 등으로 임의의 유형을 나타내기로 하자. 두 유형이 동일한 그리스 문자로 표시되는 경우, 같은 유형임을 의미한다. 그렇지 않은 경우, 같은 유형일 수도 있지만 반드시 같아야 하는 것은 아니다. 어떤 유형의 띠에도 적용할 수 있게 정의한 isnil과 같은 함수를 *다형적(polymorphic)* 함수라고 한다. 문양에 cons 연산자 ::를 사용할 수도 있다. 다음과 같이 이번에는 띠를 구성하는 대신 해체하는 데 사용한다.

```
length : α list → int

let rec length l =
   match l with
    [] -> 0                            띠에는 요소가 0개 있다("기저 사례").
   | h::t -> 1 + length t              h는 머리, t는 꼬리이다 .
```

표현식 length [5; 5; 5]의 평가는 다음과 같이 진행된다.

```
        length [5; 5; 5]
  ⟹     1 + length [5; 5]
  ⟹     1 + (1 + length [5])
  ⟹     1 + (1 + (1 + length []))              기저 사례
  ⟹     1 + (1 + (1 + 0))
  ⟹*    3                         (⟹*는 중간 단계 생략을 뜻한다.)
```

함수는 인수로 주어진 띠를 재귀한 뒤, 중간 단계에서 나타난 모든 1을 합하는 방식으로 작동한다. 실행 시간은 띠의 길이에 비례한다. 왜 그럴까? 또한 함수 실행에 필요한 공간도 띠의 길이에 비례한다. 그 이유는 중간 단계에서 나타난 표현식 1 + (1 + (1 + ...)) 때문인데, 이는 내부의 어떤 + 연산보다도 먼저 그 전체 구성이 완료되어야 하는 표현식이고, 처리되는 동안 어딘가에 저장되어 있어야 하는 표현식이다. 이 length도 다형적 함수이다. 그 이유는 함수 정의에서 h의 유형에 대한 제약을 발견할 수 없기 때문이다. 물론 h가 표현식 1 + length t에 없기도 하다. 게다가 다음과 같이 어울림 문양에서 h를 _로 바꿀 수 있다. 그 이유는 나중에 언급하지 않을 것에 이름을 붙이는 것은 헛일이기 때문이다.

```
length : α list → int

let rec length l =
   match l with
     [] -> 0                          띠에는 요소가 0개 있다(“기저 사례”).
   | _::t -> 1 + length t             _는 머리, t는 꼬리이다.
```

length와 매우 유사한 함수로 정수 띠의 합계를 구할 수 있다.

```
sum : int list → int

let rec sum l =
   match l with
     [] -> 0                          띠에 요소가 없으면 합계는 0.
   | h::t -> h + sum t                그렇지 않으면 머리와 꼬리의 합계를 더한다.
```

그러나 이 함수 sum은, 띠 안의 각 요소를 함숫값을 계산하는 덧셈에 실제로 사용하고 있기 때문에, 다형적 함수가 아니고, int list 유형의 띠에만 적용할 수 있는 함수이다. 다음에서 볼 수 있는 바와 같이, 만일 실수로 고려 대상 사례에서 놓친 것이 있다면, 이를 감지한 오캐믈이 경고와 함께 누락된 문양의 예를 제시한다.

```OCaml
# let rec sum l =
    match l with
    h::t -> h + sum t;;
Warning 8: this pattern-matching is not exhaustive.
Here is an example of a value that is not matched:
[]
val sum : int list -> int = <fun>
```

length 함수 실행 과정에서 발생하는 저장 공간 과다 사용 문제를 처리하는 방법이 있다. 중간 단계에서 나타나는 표현식 1 + (1 + (1 + ...)) 저장 문제를 해결하는 방법인데, 프로그램의 가독성 저하는 감수해야 한다. 함수에 인수를 하나 추가하여, 거기에 함수 실행 과정에서 나타나는 1을 "누적(accumulate)"시킬 수 있다. 이렇게 만든 함수가 다음 프로그램에서 정의한 length_inner 함수이다. 각 재귀 단계에서 "누적" 인수(누산기, accumulator)에 저장된 값은 1씩 증가한다. 함수 실행이 완료될 때 "누적" 인수에 저장된 합계가 반환된다.

```
length_inner : α list → int → int
length : α list → int

let rec length_inner l n =
  match l with
    [] -> n                        띠가 비어 있으면 누산기 값을 반환한다.
  | h::t -> length_inner t (n + 1)   누산기에 1을 더하고 꼬리를 처리한다.


let length l = length_inner l 0        0으로 초기화된 누산기로 시작한다.
```

앞의 프로그램에서는 length 함수로 length_inner 함수를 포장했다. 이는 반드시 누산기가 올바르게 초기화된 상태에서 length_inner 함수를 호출하도록 하기 위함이다. 다음에는 함숫값 계산 과정의 예가 있다.

$$
\begin{aligned}
&\text{length [5; 5; 5]} \\
\Longrightarrow\quad &\underline{\text{length\_inner [5; 5; 5] 0}} \\
\Longrightarrow\quad &\underline{\text{length\_inner [5; 5] 1}} \\
\Longrightarrow\quad &\underline{\text{length\_inner [5] 2}} \\
\Longrightarrow\quad &\underline{\text{length\_inner [] 3}} \qquad\qquad\qquad \textit{기저 사례} \\
\Longrightarrow\quad &3
\end{aligned}
$$

이제 함숫값 계산하는 데 사용한 공간은, 중간 단계에서 나타난 표현식 1 + (1 + (1 + ...))을 기록할 필요가 없어진 만큼, 함수 인수로 주어진 띠의 길이와 관련이 멀어지게 되었다. 재귀 함수 중에서, 함숫값 계산에 필요한 중간 표현식을 생성하지 않고 함숫값이 결정되는 위치에서 다른 표현식의 개입 없이 오로지 함수의 재귀 호출만으로 함숫값이 결정되는 부류를 *꼬리 재귀적(tail recursive)*이라고 한다. 여기에서 중간 표현식은 대부분 재귀 진행에 따라 점차 길어지고, "함숫값이 결정되는 위치"라 함은 대체로 함수의 마지막 부분이다. 즉 함수의 "꼬리"이다. 물론 함수는 띠를 함숫값으로 반환할 수도 있다. 다음은 주어진 띠에서 첫 번째, 세 번째, 다섯 번째 등의 홀수 번째 요소를 선별하여 띠로 반환하는 함수이다.

```
odd_elements : α list → α list

let rec odd_elements l =
  match l with
    [] -> []                              띠가 비어 있을 경우
  | [a] -> [a]                            띠에 요소가 한 개 있을 경우
  | a::_::t -> a :: odd_elements t        띠의 요소가 두 개 이상일 경우
```

odd_elements [2; 4; 2; 4; 2]의 평가 과정을 검토해 보자.

$$
\begin{array}{ll}
& \texttt{odd\_elements [2; 4; 2; 4; 2]} \\
\Longrightarrow & \texttt{2 :: \underline{odd\_elements [2; 4; 2]}} \\
\Longrightarrow & \texttt{2 :: 2 :: \underline{odd\_elements [2]}} \\
\Longrightarrow & \texttt{\underline{2 :: 2 :: [2]}} \\
\stackrel{*}{\Longrightarrow} & \texttt{[2; 2; 2]}
\end{array}
$$

함수 정의에서 확인할 수 있는 바이지만, 띠가 비어 있을 경우와 띠에 요소가 한 개 있을 경우를 따지는 문양 어울림의 처음 두 사례에서는, 문양에 어울린 해당 인수를 그대로 반환한다는 것을 알 수 있다. 검토할 사례의 순서를 바꾸면, 다음과 같이 검토할 사례를 두 가지로 줄일 수 있다.

```
odd_elements : α list → α list

let rec odd_elements l =
  match l with
    a::_::t -> a :: odd_elements t          생략할 요소가 있는 경우
  | _ -> l                                   그대로 두어야 할 경우
```

@(append, 부가) 연산자로 두 띠를 연결하는 방법을 본 적이 있다.

$$[1;\ 2]\ @\ [3;\ 4;\ 5]$$
$$\implies \quad [1;\ 2;\ 3;\ 4;\ 5]$$

어떻게 부가 연산자를 직접 구현할 수 있을까? 오캐믈에 정의되어 있지 않았다고 가정하고 말이다. 함수 append a b를 생각해 보자. 띠 a가 비어 있을 경우, 함숫값은 그저 b이다. 그러나 a가 빈 띠가 아닐 경우, 어떻게 해야 할까? a가 빈 띠가 아니라면, 머리 h와 꼬리 t가 있을 것이다. 띠 a가 띠 b보다 앞에 있다. 그러면 부가 함숫값으로 정해질 연결된 띠는, 머리가 a의 머리 h로 시작하는 띠로 구성하되, 꼬리가 되는 그 나머지는 append t b 함숫값이다.

```
append : α list → α list → α list

let rec append a b =
  match a with
    [] -> b
  | h::t -> h :: append t b
```

append [1; 2; 3] [4; 5; 6]의 평가 과정을 검토해 보자.

$$
\begin{array}{ll}
 & \underline{\text{append } [1;\ 2;\ 3]\ [4;\ 5;\ 6]} \\
\Longrightarrow & 1 :: \underline{\text{append } [2;\ 3]\ [4;\ 5;\ 6]} \\
\Longrightarrow & 1 :: 2 :: \underline{\text{append } [3]\ [4;\ 5;\ 6]} \\
\Longrightarrow & 1 :: 2 :: 3 :: \underline{\text{append } []\ [4;\ 5;\ 6]} \\
\Longrightarrow & \underline{1 :: 2 :: 3 :: [4;\ 5;\ 6]} \\
\overset{*}{\Longrightarrow} & [1;\ 2;\ 3;\ 4;\ 5;\ 6]
\end{array}
$$

함수 실행 시간은 첫 번째 인수로 주어진 띠의 길이에 비례하는데, 두 번째 인수에 대해서는 그 내부 요소에 대한 처리가 전혀 필요하지 않았던 것이다. 띠를 거꾸로 반전(reverse)시키는 것은 어떻게 할까? 예를 들어, rev [1; 2; 3; 4]를 평가하면 [4; 3; 2; 1]이 되게 하는 것이다. 간단한 방법은, 띠의 꼬리를 반전시킨 띠와, 띠의 머리만 포함된 띠를 만든 다음, 이 띠를 꼬리를 반전시켜 만든 앞 띠의 끝에 부가하는 방법이 있다.

```
rev : α list → α list

let rec rev l =
  match l with
    [] -> []
  | h::t -> rev t @ [h]
```

rev [1; 2; 3; 4]의 평가 과정을 검토해 보자.

$$
\begin{aligned}
&\text{rev } [1;\ 2;\ 3;\ 4] \\
\Longrightarrow\quad &\text{rev } [2;\ 3;\ 4] \text{ @ } [1] \\
\Longrightarrow\quad &\text{rev } [3;\ 4] \text{ @ } [2] \text{ @ } [1] \\
\Longrightarrow\quad &\text{rev } [4] \text{ @ } [3] \text{ @ } [2] \text{ @ } [1] \\
\Longrightarrow\quad &\text{rev } [] \text{ @ } [4] \text{ @ } [3] \text{ @ } [2] \text{ @ } [1] \\
\Longrightarrow\quad &[] \text{ @ } [4] \text{ @ } [3] \text{ @ } [2] \text{ @ } [1] \\
\overset{*}{\Longrightarrow}\quad &[4;\ 3;\ 2;\ 1]
\end{aligned}
$$

함수 정의는 간단하지만 실행 효율이 매우 높은 것은 아니다. 왜 그럴까?

띠를 처리하는 데 유용한 함수가 두 개 더 있는데, take와 drop이 그것들이다. 다음 정의와 같이 인수로서 정수와 함께 띠가 주어지면, 띠 앞에서 정숫값만큼의 요소를 가져오거나 또는 버리는 함수들이다.

```
take : int → α list → α list
drop : int → α list → α list

let rec take n l =
  if n = 0 then [] else
    match l with
      h::t -> h :: take (n - 1) t

let rec drop n l =
  if n = 0 then l else
    match l with
      h::t -> drop (n - 1) t
```

예를 들어 take 2 [2; 4; 6; 8; 10]의 평가 과정을 검토해 보자.

$$
\begin{aligned}
& \text{take 2 [2; 4; 6; 8; 10]} \\
\Longrightarrow\quad & \text{2 :: take 1 [4; 6; 8; 10]} \\
\Longrightarrow\quad & \text{2 :: 4 :: take 0 [6; 8; 10]} \\
\Longrightarrow\quad & \text{2 :: 4 :: []} \\
\overset{*}{\Longrightarrow}\quad & \text{[2; 4]}
\end{aligned}
$$

그리고 drop 2 [2; 4; 6; 8; 10]의 평가 과정도 검토해 보자.

$$
\begin{aligned}
& \text{drop 2 [2; 4; 6; 8; 10]} \\
\Longrightarrow\quad & \text{drop 1 [4; 6; 8; 10]} \\
\Longrightarrow\quad & \text{drop 0 [6; 8; 10]} \\
\Longrightarrow\quad & \text{[6; 8; 10]}
\end{aligned}
$$

참고로, 이 함수에는 문양 어울림 사례가 누락된 것이 있어 문양 어울림이 불완전하다. 함수 원문을 타자하여 입력하면 사례 불완전을 감지한 오캐믈이 경고할 것이다. 함수 실행은 인수가 적절하지 않을 때 실패한다. 즉, 인수로 주어진 띠에 있는 것보다 더 많은 요소를 가져오거나 버리라는 경우가 그 예이다. 나중에 이러한 문제를 다루는 방법에 대해서 공부할 것이다. 또한 참고로, 인수 n의 값이 0을 포함하여 적절한 값일 때, take n l과 함께 drop n l을 실행하면 주어진 띠를 남김없이 정확히 두 부분으로 쪼갤 수 있다. 이 때문에 drop과 take는 종종 쌍으로 나타난다.

띠에는 그 어떤 것도 요소로 포함시킬 수 있지만, 띠의 모든 요소는 동일한 유형이라야 한다. 따라서 당연하게도 띠에는 띠가 요소로 포함될 수 있다. 다음의 예에는 정수 띠를 요소로 포함하는 띠가 있다.

     [[1]; [2; 3]; [4; 5; 6]] : (int list) list

예에서 유형을 명시할 때 괄호 없이 그저 int list list라고 쓸 수도 있었다. 이 띠 안에 있는 각 요소의 유형은 int list이다. 띠가 중첩될 때 실수를 방지하기 위해서는, (int list) list 유형에 부합하는 값 중에서, 띠를 포함하는 띠인데 요소가 없는 다음과 같은 경우와,

     [] : α list list

다음과 같이 띠를 포함하는 띠인데 요소가 하나 있지만 그것이 비어 있는 띠인 경우를 분별하는 것이 중요하다.

     [[]] : α list list

📋 연습문제

1. odd_elements 함수와 반대되는 even_elements 함수를 작성하라. 이 함수는 주어진 띠에서 짝수 번째 요소를 선별하여 띠로 반환한다. 예를 들어 even_elements [2; 4; 2; 4; 2]의 반환값은 [4; 4]이어야 한다. 이 함수의 유형을 명시하라.

2. count_true 함수를 작성하여 띠의 true 요소 개수를 구하라. 예를 들어, count_true [true; false; true]는 2를 반환해야 한다. 이 함수의 유형은 무엇인가? 꼬리 재귀를 활용한 함수도 작성해 보라.

3. 띠가 인수로 주어지면 회문(palindrome)을 만드는 함수를 작성하라. 회문은 반전시키기 이전과 반전시킨 이후가 동일한 띠이다. 함수 작성에 rev와 @를 쓸 수 있다고 가정한다. 띠가 회문인지를 확인하는 다른 함수도 작성하라.

4. drop_last 함수를 작성하되 띠에서 마지막 요소를 제외한 모든 것을 반환하게 하라. 띠가 비어 있으면 빈 띠를 반환해야 한다. 예를 들어 drop_last [1; 2; 4; 8]은 반환값이 [1; 2; 4]이어야 한다. 꼬리 재귀를 활용한 함수도 작성해 보라.

5. 주어진 값이 띠에 요소로 있으면 true를, 그렇지 않으면 false를 반환하는 $\alpha \rightarrow \alpha$ list $\rightarrow$ bool 유형의 member 함수를 작성하라. 예를 들어, member 2 [1; 2; 3]은 true로 평가되어야 하지만 member 3 [1; 2]는 false로 평가되어야 한다.

6. make_set 함수를 작성하는데, 앞의 문제에서 작성한 것과 같은 자작 member 함수를 사용하고, 띠가 주어지면 원래 띠의 모든 요소를 포함하지만 중복 요소는 없는 띠를 반환하게 하라. 예를 들어, make_set [1; 2; 3; 3; 1]의 반환값으로 [2; 3; 1]이 될 수 있다. 이 함수의 유형을 명시하라.

7. 본문에서 자체 정의한 **rev** 함수가 왜 비효율적인지 설명해 보라. 함수 실행 시간이 인수로 주어진 띠의 길이와 어떤 관련이 있는가? 누산기 인수를 사용하여 보다 효율적인 함수로 만들어 보라. 이렇게 만든 함수의 효율성을, 실행 시간 및 실행에 사용한 공간이라는 측면에서 측정해 보라.

복습

1 정수는 min_int ... -3 -2 -1 0 1 2 3 ... max_int까지의 수이고 그 유형은 int이다. 부울값은 true 및 false이고 그 유형은 bool이다. 문자는 'X' 및 '!'와 같은 것으로 그 유형은 char이다.

수학 연산자 + - * / mod는, 정수 두 개를 연산재로 취하고 그 결과치는 새로운 정수 이다.

연산자 = < <= > >= <> 등으로 두 값을 비교하고 그 결과치는 true 또는 false가 된다.

조건문 **if** *expression1* **then** *expression2* **else** *expression3*에서, *expression1*은 bool 유형이고, *expression2*와 *expression3*은 서로 동일한 유형이다.

부울 연산자에는 && 및 ||가 있고 이를 적용하여 합성(compound) 부울 표현식을 만들 수 있다.

2 표현식의 평가치에 이름을 부여하는 데 **let** *name* = *expression* 구문을 사용한다. 합성 표현식(compound expression)을 작성하는 데에는 **let** *name1* = *expression1* **in** **let** *name2* = *expression2* **in** ... 구문을 사용한다.

함수는 **let** *name argument1 argument2* ... = *expression* 형식으로 정의한다. 이러한 함수의 유형은 $\alpha \rightarrow \beta$, $\alpha \rightarrow \beta \rightarrow \gamma$ 또는 ... 등으로 규정되는데, 여기에서 α, β, γ, ... 등도 각각 유형이다.

재귀 함수도 같은 방식으로 정의하지만 let 대신 let rec를 사용한다.

3 문양 어울림 구문 구조의 일반형은, **match** *expression1* **with** *pattern1* | ... -> *expression2* | *pattern2* | ... -> *expression3* | ...이다. 이 구조 안에서 *pattern$_i$* | ... -> *expression$_{i+1}$* 형식의 표현식을 볼 수 있는데, 이 경우의 세로대(|, vertical bar)는 문양을 합성하는 문양 연산자이다. 표현식 *expression2*, *expression3*, ... 등은 서로 같은 유형이어야 한다. 이것이 표현식 **match** ... **with** ... 전체의 유형 이 된다.

4 띠는 같은 유형의 0개 이상의 요소가 순서 있게 나열된 모임이다. 이는 대괄호 사이에서 요소들을 쌍반점으로 구분하여 [1; 2; 3; 4; 5]와 같이 표기한다. 비어 있는 띠가 아니라면, 띠에는 첫 번째 요소인 머리와 머리를 제외한 나머지 요소로 구성된 꼬리가 있는데, 꼬리 또한 띠이다.

"cons" 연산자 ::는 기존 띠 앞에 단일 요소를 추가하는 데 사용한다. "append" 연산자 @는 두 띠를 이어 붙이는 데 사용한다.

문양 어울림에 띠와 함께 "cons" 연산자 ::를 사용할 수도 있는데, 띠의 길이가 0, 1, ... 등인지 확인하거나 띠에 특정 내용이 있는지를 분별하는 데 활용한다.

함수 독해법 두 가지

띠를 잇는 부가 함수를 다시 살펴보자.

```
append : α list → α list → α list

let rec append a b =
    match a with
      [] -> b
    | h::t -> h :: append t b
```

이 계산 과정을 읽어 내는 방법이 두 가지가 있다. 한 방법은 컴퓨터가 연산 결과 도출을 지향하여 실행할 작업을 생각하는 것이다.

첫 번째 띠를 검사하라. 비어 있으면 두 번째 띠를 반환하라. 그렇지 않으면, 첫 번째 띠를 분리하여 머리와 꼬리를 확인하라. 꼬리에 두 번째 띠를 재귀적 호출을 통하여 부가한 다음, 이 결과의 앞에 머리를 붙여 띠를 구성하라. 이 띠를 반환하라.

다른 방법은, 문양 어울림 사례 처리 각각을 독립적인 진술로 간주하는 것이다. 물론 이 진술은 문양 어울림을 포함하고 있는 전체 함수에 관한 진술이다.

빈 띠에 다른 띠를 부가한 결과는 부가된 그 띠가 된다. 그렇지 않으면 첫 번째 띠가 비어 있지 않으므로 머리와 꼬리가 있다. 그것들을 h와 t라고 부르자. 분명히 append (h :: t) b는 h :: append t b와 같다. 이렇게 하면, 점차 부가 결과치의 구성 요소가 밝혀지고 문제의 크기가 축소되어, 종국에 도착할 부가 결과치에 더 가까워지는 진척을 이룬다.

함수를 정의할 때 이러한 두 가지 방식으로 생각할 수 있고 또 마음속에서 쉽게 전환할 수 있다면, 함수를 작성하고 검토하기가 매우 쉬워진다.

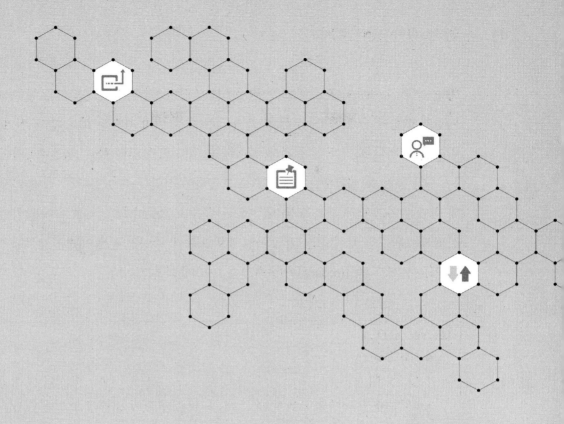

CHAPTER **5**

정렬

띠는 종종 그 내용을 순서대로 정렬(sort)해야 한다. 정수 띠를 정렬하는 함수 **sort**를 어떻게 작성할 수 있을까? 우선, 요소가 없는 띠는 이미 정렬된 것과 같다. 빈 띠가 아니라면, 머리와 꼬리가 있게 된다. 이 머리와 꼬리로 무엇을 할 수 있을까? 일단 꼬리는, 구상 중인 sort 함수를 재귀적으로 호출하여 정렬할 수 있겠다. 그러면 이제 머리와 함께 이미 정렬해 놓은 띠를 갖추게 된 셈이다. 그렇다면, 머리를 이미 정렬된 띠에 삽입하는 함수만 작성하면 된다. 이렇게 함으로써, 주어진 문제의 크기를 축소시키고 더 쉬운 문제로 환산(reduce)하여 해결할 수 있게 되는 것이다.

```
let rec sort l =
  match l with
    [] -> []                      빈 띠는 이미 정렬된 것과 같다.
  | h::t -> insert h (sort t)     머리를 이미 정렬된 꼬리에 삽입한다.
```

이제 **insert** 함수만 작성하면 된다. 함수의 인수는 어떤 요소와 이미 정렬된 띠인데, 다음과 같이 함수는 요소를 띠의 올바른 위치에 삽입하여 그 결과 띠를 반환한다.

```
let rec insert x l =
  match l with
    [] -> [x]          단순 사례(simple case): 빈 띠라면 그저 x를 거기에 넣는다.
  | h::t ->                        그렇지 않으면 띠에 머리와 꼬리가 있다.
      if x <= h                    x가 놓일 올바른 위치를 발견했다면
        then x :: h :: t           거기에 x를 바로 삽입한다.
        else h :: insert x t       그렇지 않았다면 h를 유지하고
                                   꼬리 t에 x를 삽입한다.
```

표현식 insert 3 [1; 1; 2; 3; 5; 9]의 평가 과정을 검토해 보자.

$$
\begin{aligned}
&\underline{\text{insert } 3 \ [1; 1; 2; 3; 5; 9]} \\
\implies\quad &1 :: \underline{\text{insert } 3 \ [1; 2; 3; 5; 9]} \\
\implies\quad &1 :: 1 :: \underline{\text{insert } 3 \ [2; 3; 5; 9]} \\
\implies\quad &1 :: 1 :: 2 :: \underline{\text{insert } 3 \ [3; 5; 9]} \\
\implies\quad &\underline{1 :: 1 :: 2 :: 3 :: 3 :: [5; 9]} \\
\overset{*}{\implies}\quad &[1; 1; 2; 3; 3; 5; 9]
\end{aligned}
$$

다음에 보인 것은 표현식 sort [53; 9; 2; 6; 19]에 대한 전체 평가 과정이다. 앞의 예에서 본 바가 있기 때문에 insert 연산의 세부 평가 과정은 생략하였다.

$$
\begin{aligned}
&\underline{\text{sort } [53; 9; 2; 6; 19]} \\
\overset{*}{\implies}\quad &\text{insert } 53 \ (\underline{\text{sort } [9; 2; 6; 19]}) \\
\overset{*}{\implies}\quad &\text{insert } 53 \ (\text{insert } 9 \ (\underline{\text{sort } [2; 6; 19]})) \\
\overset{*}{\implies}\quad &\text{insert } 53 \ (\text{insert } 9 \ (\text{insert } 2 \ (\underline{\text{sort } [6; 19]}))) \\
\overset{*}{\implies}\quad &\text{insert } 53 \ (\text{insert } 9 \ (\text{insert } 2 \ (\text{insert } 6 \ (\underline{\text{sort } [19]})))) \\
\overset{*}{\implies}\quad &\text{insert } 53 \ (\text{insert } 9 \ (\text{insert } 2 \ (\text{insert } 6 \ (\text{insert } 19 \ (\underline{\text{sort } []}))))) \\
\implies\quad &\text{insert } 53 \ (\text{insert } 9 \ (\text{insert } 2 \ (\text{insert } 6 \ (\underline{\text{insert } 19 \ []})))) \\
\implies\quad &\text{insert } 53 \ (\text{insert } 9 \ (\text{insert } 2 \ (\underline{\text{insert } 6 \ [19]}))) \\
\implies\quad &\text{insert } 53 \ (\text{insert } 9 \ (\underline{\text{insert } 2 \ [6; 19]})) \\
\implies\quad &\text{insert } 53 \ (\underline{\text{insert } 9 \ [2; 6; 19]}) \\
\implies\quad &\underline{\text{insert } 53 \ [2; 6; 9; 19]} \\
\overset{*}{\implies}\quad &[2; 6; 9; 19; 53]
\end{aligned}
$$

이상과 같은 정렬 해법을 *삽입 정렬(insertion sort)*이라고 부르는데, 전체 프로그램은 문자 정렬 실행 예와 함께 다음에 보였다. 유형이 int list $\rightarrow$ int list가 아닌 α list

→ α list임에 유의하라. 그 이유는 insert 함수 정의에 사용한 <=와 같은 오캐믈의 비교 함수가, int 이외의 유형에도 적용할 수 있기 때문이다. 예를 들어, 오캐믈에서 문자를 자모순(alphabetical order)으로 비교할 수도 있다.

$$\begin{array}{l} \text{sort ['p'; 'i'; 'm'; 'c'; 's'; 'h']} \\ \xrightarrow{\ *\ } \quad \text{['c'; 'h'; 'i'; 'm'; 'p'; 's']} \end{array}$$

```
insert : α → α list → α list
sort : α list → α list

let rec insert x l =
  match l with
    [] -> [x]
  | h::t ->
      if x <= h
        then x :: h :: t
        else h :: insert x t
let rec sort l =
  match l with
    [] -> []
  | h::t -> insert h (sort t)
```

이 sort 함수로 요소가 n 개 있는 띠를 정렬시키는 데 시간이 얼마나 걸릴까? 인수로 주어진 띠가 정렬되어 있지 않은 상태라고 가정한다면, insert 연산의 소요 시간은 n 값에 비례하는데, 요소 삽입 위치는 띠 안에서 어디라도 될 수가 있기 때문이다. sort

함수를 완수하려면, 요소 개수 n 개만큼 insert 함수를 n 번 실행해야 하는데, n 값에 비례하는 이들 n 번의 소요 시간을 모두 합해서, sort 함수의 소요 시간은 n^2에 비례한 다고 하겠다. insert 함수가 반복해서 실행되는 동안, 반복 횟수가 적은 초반에는 상 대적으로 매우 짧은 띠를 대상으로 삽입 작업이 이루어진다. 이를 가지고 sort 함수의 소요 시간이 n^2 값보다 작아야 한다고 주장할 수도 있겠다. 이것이 사실이 아닌 이유를 제시할 수 있을까? 주어진 띠가 이미 정렬된 상태라면, 소요 시간이 얼마가 될까?

삽입 정렬보다 더 효율적인 해법(알고리즘, algorithm)을 강구할 수 있다. insert 함 수와 같이 기초 역할을 하고 약간 더 복잡한 함수이긴 하나 그 실행 시간이 인수로 주 어진 띠의 길이에 비례하는 함수를 고안해서 말이다. 이 함수가 merge인데, 이미 정렬 된 띠 둘을 받아서 병합(merge)하고 정렬된 띠 하나를 반환한다.

```
merge : α list → α list → α list

let rec merge x y =
  match x, y with              둘 이상을 쉼표로 구분하여 어울림에 고려한다.
    [], l -> l                 첫 번째가 비어 있으면 그저 두 번째를 반환하라.
  | l, [] -> l                 달리 두 번째가 비어 있으면 그저 첫 번째를 반환하라.
  | hx::tx, hy::ty ->
      if hx < hy
        then hx :: merge tx (hy :: ty)      더 작은 hx를 먼저 넣어라.
        else hy :: merge (hx :: tx) ty  그렇지 않으면 hy를 먼저 넣어라.
```

merge 함수의 인수 x와 y가 모두 빈 띠일 경우, 첫 번째 사례의 문양 [], l에서 변수 l이 빈 띠와 어울릴 수 있기 때문에 첫 번째 사례가 선택된다. merge 함수의 실행 과정은 다음과 같다.

$$
\begin{array}{ll}
& \text{merge } [9;\ 53]\ [2;\ 6;\ 19] \\
\implies & 2\ ::\ (\text{merge } [9;\ 53]\ [6;\ 19]) \\
\implies & 2\ ::\ 6\ ::\ (\text{merge } [9;\ 53]\ [19]) \\
\implies & 2\ ::\ 6\ ::\ 9\ ::\ (\text{merge } [53]\ [19]) \\
\implies & 2\ ::\ 6\ ::\ 9\ ::\ 19\ ::\ (\text{merge } [53]\ []) \\
\implies & 2\ ::\ 6\ ::\ 9\ ::\ 19\ ::\ [53] \\
\overset{*}{\implies} & [2;\ 6;\ 9;\ 19;\ 53]
\end{array}
$$

따라서 merge 함수는 정렬된 띠 둘을 받아서, 두 띠의 모든 요소를 포함하는 더 길고 정렬된 띠 하나를 생성한다. 그러면 이 함수를 활용하여, 띠 하나를 뒤섞여 있는 처음 상태에서 어떻게 정렬해 낼 수 있을까? 먼저, 이전 장에서 소개한 length, take 및 drop 함수를 사용하면 띠를 두 쪽으로 나눌 수 있다. 그렇게 되면, 재귀 호출을 사용하여 두 쪽 각각을 정렬할 수 있겠고 그런 다음 둘을 병합시킬 수 있다. 이러한 정렬 방법을 *병합 정렬*(*merge sort*)이라고 한다.

```
msort : α list → α list

let rec msort l =
  match l with
    [] -> []                                        띠가 비어 있으면 정렬된 것이다.
  | [x] -> [x]                            또한 요소가 하나뿐인 경우에도 정렬된 것이다.
  | _ ->
      let left = take (length l / 2) l in                        왼쪽을 구하고
        let right = drop (length l / 2) l in                   오른쪽을 구한 다음
          merge (msort left) (msort right)                   정렬하여 병합하라.
```

msort 함수에서 요소가 하나뿐인 경우도 어울림 사례로 고려해야 한다. 그 이유는, 요소가 하나뿐일 때 띠를 두 쪽으로 나누면, 길이가 1인 쪽과 0인 쪽 두 띠로 나누어져서 다시 재귀를 호출하게 되는바, 문제의 크기가 줄어들지 않고 무한 반복이 발생하기 때문이다.

　msort 함수는 어떻게 작동할까? msort 함수를 [53; 9; 2; 6; 19]에 적용한 다음 평가 과정을 검토해 보자. 여기에서는 merge, drop, take 및 length 등의 보조 함수의 평가 과정을 생략하고 msort 중심으로만 기술하겠다.

```
     msort [53; 9; 2; 6; 19]
⟹*   merge (msort [53; 9]) (msort [2; 6; 19])
⟹*   merge (merge (msort [53]) (msort [9])) (msort [2; 6; 19])
⟹*   merge (merge [53] (msort [9])) (msort [2; 6; 19])
⟹*   merge (merge [53] [9]) (msort [2; 6; 19])
⟹    merge [9; 53] (msort [2; 6; 19])
⟹*   merge [9; 53] (merge (msort [2]) (msort [6; 19]))
⟹*   merge [9; 53] (merge [2] (msort [6; 19]))
⟹*   merge [9; 53] (merge [2] (merge (msort [6]) (msort [19])))
⟹*   merge [9; 53] (merge [2] (merge [6] (msort [19])))
⟹*   merge [9; 53] (merge [2] (merge [6] [19]))
⟹    merge [9; 53] (merge [2] [6; 19])
⟹*   merge [9; 53] [2; 6; 19]
⟹*   [2; 6; 9; 19; 53]
```

지금부터는 이러한 전체 평가 과정을 항상 제시하지는 않을 것이다. 그러나 함수의 작동 방식이나 이유가 확실하지 않은 경우에는 언제든지 종이에 직접 평가 과정을 써 가면서 그것을 밝혀낼 수 있을 것이다.

소요 시간

병합 정렬을 완수하는 데 시간이 얼마나 걸릴까? 다음 도해로 이를 시각화할 수 있는데, 설명의 편의를 위해 띠의 길이는 2^n이라고 하되, 여기에서는 8이라고 정하였다.

```
[6; 4; 5; 7; 2; 5; 3; 4]
[6; 4; 5; 7][2; 5; 3; 4]
[6; 4][5; 7][2; 5][3; 4]
[6][4][5][7][2][5][3][4]
[4; 6][5; 7][2; 5][3; 4]
[4; 5; 6; 7][2; 3; 4; 5]
[2; 3; 4; 4; 5; 5; 6; 7]
```

위 그림의 전반부 네 번째 행까지의 과정은 띠를 take와 drop 함수로 분리하는 것인데, 그 길이가 충분히 짧아져서 정렬된 상태에 이를 때까지 띠를 쪼개는 것이다. 그 이후 후반부에서는 조각들을 도로 병합하는 과정이다.

각 행을 처리하는 데 시간이 얼마나 걸릴까? 전반부 네 번째 행까지의 과정에서, 띠를 두 부분으로 나누는 데 걸리는 시간은, 띠의 길이에 비례한다. 첫 번째 행에서는, 길이가 8인 띠에서 두 부분으로 나누는 작업을 한 번 수행한다. 두 번째 행에서는, 길이가 4인 띠 둘에서 두 부분으로 나누는 작업을 각 한 번씩 모두 두 번 수행한다. 세 번째 행에서도 같은 방식으로 작업이 진행되어, 길이가 2인 띠 넷에서 두 부분으로 나누는 작업을 각 한 번씩 모두 네 번 수행한다. 따라서 각 행에 대한 처리 시간은 전체적으로 보아 동일하다. 네 번째 행부터 후반부에서는, 인수로 주어진 띠의 길이에 비례하여 소요 시간이 정해지는 또 다른 함수 merge를 적용한다. 따라서 후반부의 각 행의 실행 시간도 인수로 주어진 띠의 길이에 비례한다.

이제 병합 정렬 소요 시간을 가늠하려면 몇 행이 있었는지 확인하면 되겠다. 도해를 보면, 전반부에 대략 $\log_2 n$ 개의 행이 있고, 후반부에도 동일하다. 따라서 경과한 총 작업 시간은 약 $2 \times \log_2 n \times n$인데, 이는 $n \log_2 n$에 비례하는 값이다.

📋 연습문제

1. msort 함수에서는 띠 길이의 절반값을 구하기 위하여 표현식 length l / 2를 두 번 평가한다. msort를 수정하여 이러한 비효율성을 제거하라.

2. 잘못된 인수로 호출하면 take 함수와 drop 함수가 오작동할 수 있다. 이러한 사태가 msort 함수에서는 전혀 발생하지 않는다는 것을 보여라.

3. 인수로 주어진 띠를 내림차순(descending order)으로 정렬하는 삽입 정렬 함수를 작성하라. 참고로, 본문에서 제시한 삽입 정렬 함수는 오름차순(ascending order)으로 정렬하는 판(version)이었다. 함수가 요소를 역순으로 정렬하도록 비교 연산자를 변경해 보라.

4. 띠가 이미 정렬된 상태인지 확인하는 함수를 작성하라.

5. 오캐믈에서 < 와 같은 비교 함수는 다양한 유형의 자료에 적용할 수 있다고 하였다. 띠에 대해서는 어떻게 작동하는지 실험을 통해서 확인할 수 있을까? 예를 들면, [1; 2] < [2; 3]의 결과는 무엇일까? 다음과 같은 char list list 유형의 띠를 정렬하면 어떻게 될까? 결과에 대한 이유를 말하라.

   [['o'; 'n'; 'e']; ['t'; 'w'; 'o']; ['t'; 'h'; 'r'; 'e'; 'e']]

6. sort 및 insert 함수를 sort 함수 하나로 통합하라.

복습

1 정수는 min_int ... -3 -2 -1 0 1 2 3 ... max_int까지의 수이고 그 유형은 int이다. 부울값은 true 및 false이고 그 유형은 bool이다. 문자는 'X' 및 '!'와 같은 것으로 그 유형은 char이다.

수학 연산자 + - * / mod는, 정수 두 개를 연산재로 취하고 그 결과치는 새로운 정수이다.

연산자 = < <= > >= <> 등으로 두 값을 비교하고 그 결과치는 true 또는 false가 된다.

조건문 **if** *expression1* **then** *expression2* **else** *expression3*에서, *expression1*은 bool 유형이고, *expression2*와 *expression3*은 서로 동일한 유형이다.

부울 연산자에는 && 및 ||가 있고 이를 적용하여 합성(compound) 부울 표현식을 만들 수 있다.

2 표현식의 평가치에 이름을 부여하는 데 **let** *name* = *expression* 구문을 사용한다. 합성 표현식(compound expression)을 작성하는 데에는 **let** *name1* = *expression1* **in let** *name2* = *expression2* **in** ... 구문을 사용한다.

함수는 **let** *name argument1 argument2* ... = *expression* 형식으로 정의한다. 이러한 함수의 유형은 $\alpha \rightarrow \beta$, $\alpha \rightarrow \beta \rightarrow \gamma$ 또는 ... 등으로 규정되는데, 여기에서 α, β, γ, ... 등도 각각 유형이다.

재귀 함수도 같은 방식으로 정의하지만 let 대신 let rec를 사용한다.

3 문양 어울림 구문 구조의 일반형은, **match** *expression1* **with** *pattern1* | ... -> *expression2* | *pattern2* | ... -> *expression3* | ...이다. 이 구조 안에서 *pattern_i* | ... -> *expression_{i+1}* 형식의 표현식을 볼 수 있는데, 이 경우의 세로대(|, vertical bar)는 문양을 합성하는 문양 연산자이다. 표현식 *expression2*, *expression3*, ... 등은 서로 같은 유형이어야 한다. 이것이 표현식 **match** ... **with** ... 전체의 유형이 된다.

4 띠는 같은 유형의 0개 이상의 요소가 순서 있게 나열된 모임이다. 이는 대괄호 사이에서 요소들을 쌍반점으로 구분하여 [1; 2; 3; 4; 5]와 같이 표기한다. 비어 있는 띠가 아니라면, 띠에는 첫 번째 요소인 머리와 머리를 제외한 나머지 요소로 구성된 꼬리가 있는데, 꼬리 또한 띠이다.

"cons" 연산자 ::는 기존 띠 앞에 단일 요소를 추가하는 데 사용한다. "append" 연산자 @는 두 띠를 이어 붙이는 데 사용한다.

문양 어울림에 띠와 함께 "cons" 연산자 ::를 사용할 수도 있는데, 띠의 길이가 0, 1, ... 등인지 확인하거나 띠에 특정 내용이 있는지를 분별하는 데 활용한다.

5 문양 어울림에 한 번에 둘 이상을 고려하는 경우에는, 다음과 같이 고려 대상을 쉼표로 구분하여 사례를 표현한다. `match a, b with 0, 0 ->` *expression1* `| x,` `y ->` *expression2* `| ...`

파일에서 프로그램 적재

이제는 구축하는 함수의 크기가 커지고 있으므로, 회기마다 함수를 매번 타자하여 입력하는 대신에 저장한 뒤 필요한 회기에서 불러 쓰고 싶을 것이다. 예를 들어, 원문 편집기로 다음과 같은 파일을 작성한다고 하자.

```
let rec length l =
   match l with
     [] -> 0
   | h::t -> 1 + length t
let rec append a b =
   match a with
     [] -> b
   | h::t -> h :: append t b
```

이 파일(file, 장부)을, lists.ml이라는 이름으로 그 위치는 오캐믈을 실행시켰던 디렉터리(directory, 자료방) 또는 폴더(folder, 자료방)에 저장하자. 그런 후 다음과 같이 오캐믈에서 파일의 내용을 사용하도록 지시할 수 있다.

```
      OCaml

# #use "lists.ml";;
val length : 'a list -> int = <fun>
val append : 'a list -> 'a list -> 'a list = <fun>
```

이렇게 한 효과는, 수동으로 함수를 입력하는 것과 정확히 같다. 이제 함수 length와 append를 사용할 수 있게 되었다. 오류 및 경고 문구도 통상적으로 나타난다. 참고로, #use 지시(directive)는 오캐믈 언어를 구성하는 표현식이 아니다. 단지 현재 실행 중인 오캐믈 언어 처리기에 내리는 명령(command)이다.

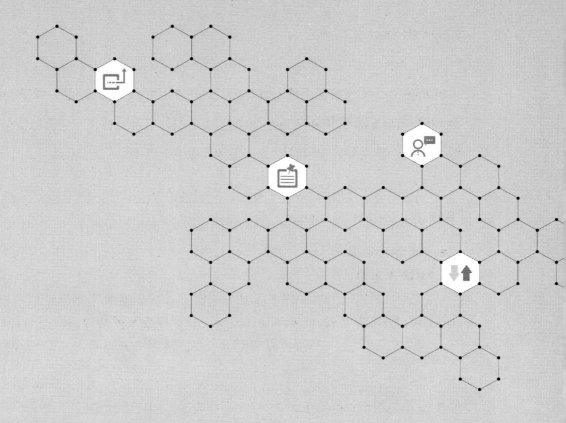

함수 합성

띠의 모든 요소에 어떤 함수를 일괄적으로 적용해야 할 때가 종종 있다. 예를 들어, 정수 띠의 각 요소를 두 배로 만드는 경우가 그것이다. 그러한 때에는 다음과 같이 간단한 재귀 함수를 사용하여 띠의 각 요소를 처리할 수는 있다.

```
double : int list → int list

let rec double l =
  match l with
    [] -> []                   빈 띠라면 처리할 요소가 없어서 그 결과도 빈 띠이다.
  | h::t -> (h * 2) :: double t     그렇지 않으면 머리 요소를 처리하고
                              나머지 꼬리 요소를 처리한 결과와 함께 띠로 구성한다.
```

예를 들어, 표현식 double [1; 2; 4]의 평가 과정을 검토해 보자.

$$
\begin{aligned}
&\underline{\text{double [1; 2; 4]}} \\
\Longrightarrow\quad &2 :: \underline{\text{double [2; 4]}} \\
\Longrightarrow\quad &2 :: 4 :: \underline{\text{double [4]}} \\
\Longrightarrow\quad &2 :: 4 :: 8 :: \underline{\text{double []}} \\
\Longrightarrow\quad &\underline{2 :: 4 :: 8 :: []} \\
\overset{*}{\Longrightarrow}\quad &[2; 4; 8]
\end{aligned}
$$

이 예에서는 같지만, 결과 띠가 항상 인수 띠와 유형이 같아야 하는 것은 아니다. 정수 띠가 주어졌을 때, 각 요소 정수에 대해 부울값을 계산하여 띠로 반환하는 함수를 작성할 수 있다. 부울값은 요소가 짝수이면 true, 홀수이면 false라고 계산한다.

```
evens : int list → bool list

let rec evens l =
  match l with
    [] -> []                      빈 띠라면 처리할 요소가 없어서 그 결과도 빈 띠이다.
  | h::t -> (h mod 2 = 0) :: evens t        그렇지 않으면 머리 요소를
                     처리하고 나머지 꼬리 요소를 처리한 결과와 함께 띠로 구성한다.
```

예를 들어, 표현식 evens [1; 2; 4]의 평가 과정을 검토해 보자.

$$
\begin{aligned}
&\underline{\text{evens [1; 2; 4]}} \\
\Longrightarrow\quad &\text{false :: } \underline{\text{evens [2; 4]}} \\
\Longrightarrow\quad &\text{false :: true :: } \underline{\text{evens [4]}} \\
\Longrightarrow\quad &\text{false :: true :: true :: } \underline{\text{evens []}} \\
\Longrightarrow\quad &\underline{\text{false :: true :: true :: []}} \\
\overset{*}{\Longrightarrow}\quad &\text{[false; true; true]}
\end{aligned}
$$

띠의 모든 요소에 어떤 함수를 일괄적으로 적용해야 할 때마다 double이나 evens와 비슷한 함수를 반복해서 작성해야 한다면 아마 따분해질 것이다. 어떠한 일괄 적용 함수에 대해서도 사용할 수 있는, 공통 함수를 정의할 수 있을까? 다음과 같이 함수의 인수로 함수를 또한 사용하면 된다.

```
map : (α → β) → α list → β list

let rec map f l =
  match l with
    [] -> []        빈 띠라면 처리할 요소가 없어서 그 결과도 빈 띠이다.
```

```
| h::t -> f h :: map f t          그렇지 않으면 머리 요소를 처리하고
                                  나머지 꼬리 요소를 처리한 결과와 함께 띠로 구성한다.
```

map 함수는 인수가 두 개인데, 각 요소를 처리하는 함수 그리고 처리할 요소를 담고 있는 띠가 그것들이다. map 함수는 새로운 띠를 반환한다. 이 함수의 유형에 대해서는 잠시 후에 논의할 것이다. 예를 들어, 다음과 같은 halve 함수를 생각해 보자.

```
halve : int → int
let halve x = x / 2
```

halve 함수를 다음과 같이 map의 인수로 사용할 수 있다.

$$
\begin{aligned}
&\underline{\text{map halve [10; 20; 30]}} \\
\Longrightarrow\quad &5 :: \underline{\text{map halve [20; 30]}} \\
\Longrightarrow\quad &5 :: 10 :: \underline{\text{map halve [30]}} \\
\Longrightarrow\quad &5 :: 10 :: 15 :: \underline{\text{map halve []}} \\
\Longrightarrow\quad &\underline{5 :: 10 :: 15 :: []} \\
\overset{*}{\Longrightarrow}\quad &[5; 10; 15]
\end{aligned}
$$

이제 $(\alpha \rightarrow \beta) \rightarrow \alpha$ list $\rightarrow \beta$ list로 정해진 map 함수의 유형을 살펴보자. 다소 복잡해서 다음과 같이 유형 요소에 주석을 달아 놓았다.

$$
\underbrace{(\alpha \rightarrow \beta)}_{\text{function f}} \rightarrow \underbrace{\alpha\ \text{list}}_{\text{argument list}} \rightarrow \underbrace{\beta\ \text{list}}_{\text{result list}}
$$

map 함수의 첫 번째 인수는 함수이다. 이를 나타내는 유형 $\alpha \rightarrow \beta$를 괄호 안에 넣어야 한다. 그렇지 않으면 map이 세 개의 인수를 받아들이는 함수가 된다. 유형을 α와 β로 명세했기 때문에 유형에 제약이 없다. 다시 말해, 함수의 인수 및 결과가 어떤 유형이라도 될 수 있으며, 서로 같은 경우도 있겠지만, 꼭 서로 같을 필요도 없다. map 함수의 두 번째 인수는 유형이 α list이다. 그 이유는 띠의 각 요소가 함수 f의 인수로 제공되어야 하는바, f의 인수의 유형이 α이기 때문이다. 같은 방식으로, map 함수의 결과치는 그 유형이 β list이다. 그 이유는 띠의 각 요소가 함수 f의 결과치인바, f의 결과치 유형이 β이기 때문이다. 함수 halve의 예에서는 α와 β가 모두 int이었다. 이제 다음과 같이 evens 함수를 다시 작성하는 데 map 함수를 활용할 수 있겠다.

```
is_even : int → bool
evens : int list → bool list

let is_even x =
   x mod 2 = 0

let evens l =
   map is_even l
```

이번에는 map 함수의 α가 int이고 β는 bool이다. 이 evens 함수를 좀 더 함축성 있게 만들 수도 있다. 그 방법은 다음과 같이, 한 번만 사용할 함수라면 이름 없이 직접 함수를 정의하고 쓸 수 있다는 사실을 활용하는 것이다.

```
evens : int list → bool list

let evens l =
   map (fun x -> x mod 2 = 0) l
```

이렇게 정의한 것을 *무명 함수*(*anonymous function*)라고 한다. 이름 없는 이 함수는 **fun**, 이름 있는 인수, 화살표 ->, 그리고 함수 몸통(function body) 그 자체 등을 가지고 정의한다. 예를 들어, 앞에서 보았던 반분 함수를 다음과 같이 무명 함수로 작성할 수 있다.

```
fun x -> x / 2
```

그러면 이렇게 정의한 것을 다음과 같이 map의 인수로 사용할 수 있다.

$$\begin{array}{l} \underline{\text{map (fun x -> x / 2) [10; 20; 30]}} \\ \stackrel{*}{\Longrightarrow} \quad \text{[5; 10; 15]} \end{array}$$

무명 함수를 사용하여 별도로 함수를 정의하지 않는 경우는, 대체로 함수가 한 곳에서만 사용되고 함수 몸통이 상대적으로 작은 경우이다.

이전 장에서는 정렬 함수를 작성하였고, 연습문제 3번에서는 다른 비교 연산자를 사용하도록 함수를 변경하여 함수가 요소를 역순으로 정렬하게 하였다. 무명 함수를 알게 된 지금은, 융통성을 증진시키는 방향으로 msort 함수를 개정할 수 있게 되었다. 개정판에서는 임의로 주어지는 비교 함수를 추가 인수로 전달받아서 요소 정렬에 사용할 것이다. 비교 함수의 유형은 $\alpha \rightarrow \alpha \rightarrow$ **bool**일 것이다. 즉, 유형이 같은 두 요소가 인수로 주어져야 한다. 그리고 비교 함수의 예는 greater인데, 다음과 같은 정의에 의하여 첫 번째 인수가 두 번째 인수 "이상"인 경우 true를 반환하고, 그렇지 않으면 false를 반환한다.

```
greater : α → α → bool

let greater a b =
  a >= b
```

이제 merge 함수와 msort 함수를 변경하여, 비교 함수를 추가 인수로 전달받도록 개정하겠다. 그 결과를 그림 6.1에 보였다.

```
merge : (α → α → bool) → α list → α list → α list
msort : (α → α → bool) → α list → α list

let rec merge cmp x y =
  match x, y with
    [], l -> l
  | l, [] -> l
  | hx::tx, hy::ty ->
      if cmp hx hy                         자작 비교 함수를 사용한다.
        then hx :: merge cmp tx (hy :: ty)  더 작은 hx를 먼저 넣어라.
        else hy :: merge cmp (hx :: tx) ty      그렇지 않으면
                                                hy를 먼저 넣어라.

let rec msort cmp l =
  match l with
    [] -> []
  | [x] -> [x]
  | _ ->
      let left = take (length l / 2) l in
        let right = drop (length l / 2) l in
          merge cmp (msort cmp left) (msort cmp right)
```

그림 6.1 함수 인수를 추가한 병합 정렬 함수

이제 greater 함수를, msort 함수 개정판 안에서 자작 비교 연산자로 사용하여 다음과 같은 정렬 결과를 얻을 수 있다.

$$\underline{\text{msort greater [5; 4; 6; 2; 1]}}$$
$$\overset{*}{\Longrightarrow} \quad [6;\ 5;\ 4;\ 2;\ 1]$$

사실은, 여백을 둔 괄호로 묶는 것만으로도 오캐믈로 하여금 <= 또는 +와 같은 연산자를 가지고 greater와 같은 함수를 만들게 할 수 있다. 다음 실행 예를 보자.

```
        OCaml
# ( <= );;
- : 'a -> 'a -> bool = <fun>
# ( <= ) 4 5;;
- : bool = true
```

이를 보면, 앞의 예에서 greater 대신 그 자리에 다른 비교 연산자를 쓸 수 있음을 알 수 있다. 물론 비교 연산자는 다음과 같이 여백을 둔 괄호로 묶어야 한다.

$$\underline{\text{msort (<=) [5; 4; 6; 2; 1]}}$$
$$\overset{*}{\Longrightarrow} \quad [1;\ 2;\ 4;\ 5;\ 6]$$

그리고

$$\underline{\text{msort (>=) [5; 4; 6; 2; 1]}}$$
$$\overset{*}{\Longrightarrow} \quad [6;\ 5;\ 4;\ 2;\ 1]$$

이 장에서 살펴본 기술은 *프로그램 재사용(program reuse)* 수법으로서, 대규모라 할지라도 관리가 가능하게 프로그램을 작성할 때 필수적인 기술이다.

🗒 연습문제

1. 유형이 char list인 띠에서 문자 요소 느낌표를 마침표로 바꾸는 간단한 재귀 함수 calm을 작성하라. 예를 들어, calm ['H'; 'e'; 'l'; 'p'; '!'; ' '; 'F'; 'i'; 'r'; 'e'; '!']의 평가치는 ['H'; 'e'; 'l'; 'p'; '.'; ' '; 'F'; 'i'; 'r'; 'e'; '.']이라야 한다. 그런 다음에는 재귀 대신 map 함수를 사용하여 calm 함수를 다시 작성하라. 작성한 두 함수의 유형을 각각 말하라.

2. 정수를 받아서 1 ... 10 범위 안의 수가 되도록 "자르는" 함수 clip을 작성하라. 여기에서 "자른다"는 것은 10보다 큰 정수는 10으로 내리고, 1보다 작은 정수는 1로 올리며, 그 이외의 정수는 그대로 둔다는 기능을 말한다. 그리고 clip 함수를 map 함수와 함께 사용하여 "자르는" 작용을 정수 띠 전체에 적용하는 또 다른 함수 cliplist도 작성하라.

3. 이번에는 clip 함수 대신 무명 함수를 사용하여 함수 cliplist를 다시 작성하라.

4. 함수 apply를 작성하라. apply는 주어진 함수를 반복적으로 누적 적용하여 얻은 결과를 반환한다. apply의 인수는 셋인데, 반복 적용할 함수, 반복 적용 횟수, 반복 적용할 함수의 초기 인수 등이다. 예를 들어, apply f 6 4는 f (f (f (f (f (f 4)))))의 평가치를 반환해야 한다. 함수 apply의 유형을 말하라.

5. 이전 장에서 살펴본 삽입 정렬 함수를 수정하는데, 그 방법은 이 장에서 본 병합 정렬을 수정한 것과 마찬가지로, 비교 함수를 인수로 받아 활용할 수 있게 하는 것이다. 수정한 함수의 유형을 말하라.

6. 함수 filter를 작성하라. filter의 인수는 둘인데 $\alpha \rightarrow$ bool 유형의 함수와 α list 유형의 띠가 그것들이다. filter는 함수 인수가 true를 반환하는 띠 인수 요소들만 띠로 반환한다.

7. 함수 for_all을 작성하라. for_all의 인수는 둘인데 $\alpha \rightarrow$ bool 유형의 함수와 α list 유형의 띠가 그것들이다. for_all의 반환값이 true일 경우는, 띠 인수 요소 모두에 대해서 함수 인수를 적용했을 때 결과치가 전부 true를 일 때이며, 또한 오직 이 경우뿐일 때이다. 사용 예를 제시하라.

8. 함수 mapl을 작성하라. mapl은 α list list 유형의 띠를 $\alpha \rightarrow \beta$ 유형의 함수로 사상(寫像, map)하여 β list list 유형의 띠를 생성한다.

복습

1 정수는 min_int ... -3 -2 -1 0 1 2 3 ... max_int까지의 수이고 그 유형은 int이다. 부울값은 true 및 false이고 그 유형은 bool이다. 문자는 'X' 및 '!'와 같은 것으로 그 유형은 char이다.

수학 연산자 + - * / mod는, 정수 두 개를 연산재로 취하고 그 결과치는 새로운 정수이다.

연산자 = < <= > >= <> 등으로 두 값을 비교하고 그 결과치는 true 또는 false가 된다.

조건문 **if** *expression1* **then** *expression2* **else** *expression3*에서, *expression1*은 bool 유형이고, *expression2*와 *expression3*은 서로 동일한 유형이다.

부울 연산자에는 **&&** 및 **||**가 있고 이를 적용하여 합성(compound) 부울 표현식을 만들 수 있다.

2 표현식의 평가치에 이름을 부여하는 데 **let** *name* = *expression* 구문을 사용한다. 합성 표현식(compound expression)을 작성하는 데에는 **let** *name1* = *expression1* **in** **let** *name2* = *expression2* **in** ... 구문을 사용한다.

함수는 **let** *name argument1 argument2* ... = *expression* 형식으로 정의한다. 이러한 함수의 유형은 $\alpha \rightarrow \beta$, $\alpha \rightarrow \beta \rightarrow \gamma$ 또는 ... 등으로 규정되는데, 여기에서 α, β, γ, ... 등도 각각 유형이다.

재귀 함수도 같은 방식으로 정의하지만 let 대신 let rec를 사용한다.

3 문양 어울림 구문 구조의 일반형은, **match** *expression1* **with** *pattern1* | ... -> *expression2* | *pattern2* | ... -> *expression3* | ...이다. 이 구조 안에서 *pattern$_i$* | ... -> *expression$_{i+1}$* 형식의 표현식을 볼 수 있는데, 이 경우의 세로대(|, vertical bar)는 문양을 합성하는 문양 연산자이다. 표현식 *expression2*, *expression3*, ... 등은 서로 같은 유형이어야 한다. 이것이 표현식 **match** ... **with** ... 전체의 유형이 된다.

4 띠는 같은 유형의 0개 이상의 요소가 순서 있게 나열된 모임이다. 이는 대괄호 사이에서 요소들을 쌍반점으로 구분하여 [1; 2; 3; 4; 5]와 같이 표기한다. 비어 있는 띠가 아니라면, 띠에는 첫 번째 요소인 머리와 머리를 제외한 나머지 요소로 구성된 꼬리가 있는데, 꼬리 또한 띠이다.

"cons" 연산자 ::는 기존 띠 앞에 단일 요소를 추가하는 데 사용한다. "append" 연산자 @는 두 띠를 이어 붙이는 데 사용한다.

문양 어울림에 띠와 함께 "cons" 연산자 ::를 사용할 수도 있는데, 띠의 길이가 0, 1, ... 등인지 확인하거나 띠에 특정 내용이 있는지를 분별하는 데 활용한다.

5 문양 어울림에 한 번에 둘 이상을 고려하는 경우에는, 다음과 같이 고려 대상을 쉼표로 구분하여 사례를 표현한다. `match a, b with 0, 0 ->` *expression1* `| x, y ->` *expression2* `| ...`

6 무명 함수는 `fun` *name* `->` *expression*의 형식으로 정의한다. 연산자는 (<=) 또는 (+)와 같이 여백을 둔 괄호로 묶어 표기하여, 함수가 나타나야 하는 자리에 대신 쓸 수 있다.

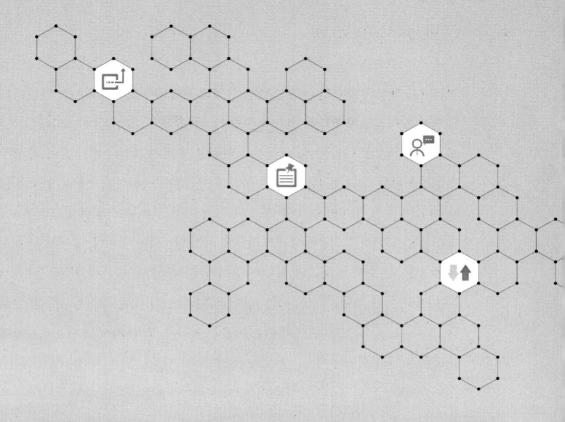

CHAPTER **7**

오류 수정

지금까지 작성한 함수 중에서 일부는, 유형과 부합하는 인숫값에 대하여 올바른 함숫값 하나를 빠짐없이 반환하였다. 예를 들어, 제6장에서 소개한 함수 halve의 경우에서 보듯이, 절반으로 나눌 수 없는 정수는 없었던 것이다. 그러나 띠와 같이 더 복잡한 유형을 사용하는 경우, 올바른 함숫값 하나를 빠짐없이 반환하지 못하는 함수가 많이 나타난다. 예를 들어, 띠에는 머리 요소나 꼬리 띠가 없을 수도 있는데, 각 경우에 대한 처리 방법을 함수 정의부에서 빠뜨리는 일이 빈번하다는 것이다. 앞에서 본 함수 take와 drop은, 인수가 잘못되면 함수가 흡족하게 작동하지 않는다. 예를 들어, take 3 ['a']를 계산해 보자. 함수에 대한 불만을 해소하는 한 방법으로, 이 경우 반환값을 그저 []로 정할 수도 있다. 그러나 이는 나쁜 관행이다. 오류(error)에 대처하기보다는 오류를 덮고 있는 것이다.

오캐믈에는 이러한 *실행 시 오류*(*run-time error*)를 보고하는 기제(機制, mechanism)가 있다. 실행 시 오류는 프로그램이 실행하는 동안 발생하는 것으로, 오캐믈이 유형이 부합하지 않을 때 보고하는 유형 오류(type error)와는 매우 다르다. 유형 부합성은 구문 수준에서 판단할 수 있고, 유형이 어긋날 경우 프로그램이 거부되어 실행되지 못한다. 실행 시 오류를 처리하는 기제를 *예외 처리*(*exception*)라고 부른다.

오캐믈에 내장(built-in)된 몇 가지 예외 처리법이 있다. 예를 들어 Division_by_zero 라는 예외는 프로그램에서 어떤 수를 0으로 나누려고 할 때 발생하게 된다.

OCaml

```
# 10 / 0;;
Exception: Division_by_zero.
```

take와 drop과 같은 함수에서 인수가 잘못된 경우, 처리법이 내장된 Invalid_argument 예외를 *발생*시키게 함수를 재작성할 수 있다. 이 때 큰따옴표(double quotation mark)

사이에 예외 상황을 설명하는 문구도 표시한다. 이것의 전형적인 용법은 오작동하는 함수의 이름을 알리는 것이다. 그림 7.1에는 재작성한 take와 drop 함수가 있는데, 인수가 잘못된 경우 raise로 Invalid_argument 예외를 *발동시키게* 보완한 것이다. 주목할 만한 것은, 이 함수들이 이전 판에 있었던 두 가지 문제를 처리한다는 사실이다. 그것은 인수가 음수인 경우에 발생하는 문제와, 띠 안에 있는 요소 개수보다 많이 가져오게 하거나 또는 버리게 할 경우에 발생하는 문제였다.

```
take : int → α list → α list
drop : int → α list → α list

let rec take n l =
  match l with
    [] ->
      if n = 0 then []
              else raise (Invalid_argument "take")      괄호 주의
  | h::t ->
      if n < 0 then raise (Invalid_argument "take") else
        if n = 0 then [] else h :: take (n - 1) t

let rec drop n l =
  match l with
    [] ->
      if n = 0 then []
              else raise (Invalid_argument "drop")
  | h::t ->
      if n < 0 then raise (Invalid_argument "drop") else
        if n = 0 then l else drop (n - 1) t
```

그림 7.1 예외 처리가 추가된 take 함수와 drop 함수

예외 처리법을 손수 정의할 수도 있는데, **exception** 구문을 사용한다. 거기에는 예외 상황 설명 문구의 유형에 관한 정보도 명시할 수 있다.

OCaml

```
# exception Problem;;
exception Problem
# exception NotPrime of int;;
exception NotPrime of int
```

이 예에서는 두 가지 예외를 정의했는데, Problem이라는 예외와 정수를 수반하는 NotPrime이라는 예외가 그것들이다. 예외 이름은 대문자로 시작해야 한다. **of** 부속 문구는 예외가 수반하는 정보의 유형을 명시하는 데 사용할 수 있다. 대개 이 정보는 예외 상황을 묘사한다. 일단 예외가 정의되면 자작 함수에서도 사용할 수 있는데, 다음과 같이 **raise**로 호출하면 된다.

OCaml

```
# exception Problem;;
exception Problem
# let f x = if x < 0 then raise Problem else 100 / x;;
val f : int -> int = <fun>
# f 5
- : int = 20
# f (-1);;
Exception: Problem.
```

예외는 발생시킬 수 있을 뿐만 아니라 *처리*할 수도 있다. *예외 처리기(exception*

handler)는 오캐믈 표현식에서 발생한 예외를 처리한다. 예외 처리기는 다음과 같이 **try ... with ...** 구문으로 작성한다.

```
safe_divide : int → int → int

let safe_divide x y =
  try x / y with
    Division_by_zero -> 0
```

safe_divide 함수는 x를 y로 나누려고 하지만, x / y 표현식이 예외 처리법이 내장된 Division_by_zero 예외를 발생시키면, 몫 대신 0을 반환한다. 표현식 x / y 평가에서 예외가 발생하지 않으면, 몫을 반환한다. 따라서 safe_divide 함수는 어떤 인수에 대해서도 성공적으로 함숫값을 반환한다.

safe_divide 함수에서 유형 제약이 어떤 식으로 가해질까? x / y 표현식은 유형이 int이기 때문에 Division_by_zero 예외가 발생한 경우의 대체 표현식도 동일한 유형 int이어야 하고, 다음에서 볼 수 있는 바와 같이 실제로 그렇게 되어 있다. 따라서 각 표현식은 유형이 결정되고 단 하나의 유형으로만 결정된다는 규칙을 safe_divide 함수가 준수하고 있다. 그 효과로 safe_divide 함수는 항상 유형이 int인 값만을 반환하게 되었다.

$$\underbrace{\text{try x / y with Division\_by\_zero -> } \overbrace{0}^{\text{int}}}_{\text{int}}$$

다음에 또 다른 예가 있다. last 함수는 띠의 마지막 요소를 반환한다.

```
last : α list → α

let rec last l =
  match l with
    [x] -> x
  | _::t -> last t
```

문양 어울림 사례가 빠진 것이 있어서 불완전하므로, 오캐믈 시스템이 이 프로그램을
받아들이더라도 실행 시에는 오작동할 수 있다. 그러한 유사시에는 다음과 같이 내장
예외 처리기(built-in exception) Not_found를 발동시켜 오작동 상황을 정리할 수 있다.

```
last : α list → α

let rec last l =
  match l with
    [] -> raise Not_found
  | [x] -> x
  | _::t -> last t
```

함수의 유형으로는 어떤 예외를 발동하거나 처리할 수 있는지를 알 수 없다. 어떠한
예외가 발생하더라도 그에 대한 처리법이 반드시 마련되어 있게 하는 것은 프로그래
머의 책임이다. 즉, 유형 시스템이 개발자를 대신할 수 없는 영역의 작업인 것이다. 이
책의 후반부에서, 자주 발동될 가능성이 있는 경우에 대한 예외 처리 대안을 보게 될
것인데, 그 때에는 유형 시스템을 통하여 모든 잠재 상황에 대비하고 있음을 보장할
수 있게 할 것이다.

📋 연습문제

1. 정수 띠에서 가장 작은 양수 요소를 반환하는 smallest 함수를 작성하라. 양수인 요소가 없으면 내장 처리기가 있는 Not_found 예외를 발생시켜야 한다.

2. smallest 함수를 활용하는 다른 함수 smallest_or_zero를 작성하되 Not_found 예외가 발생하면 0을 반환하게 하라.

3. 주어진 정수의 제곱근을 구하고 그 이하의 최대 정수를 계산하는 함수를 작성하라. 인수가 음수이면 예외가 발생해야 한다. 그러한 예외도 미리 정의하라.

4. 앞 문제의 함수를 활용하되 예외를 처리할 수 있는 다른 함수를 작성하라. 즉 합당한 정수가 없는 경우, 그저 0을 반환하게 한다.

5. 정상적일 때 양수를 반환하는 함수의 경우, 오류가 발생했을 때 -1을 반환하여 비정상임을 알리게 할 수 있다. 이렇게 오류 발생을 보고하기 위해 특수값을 반환하는 것과는 달리, 예외 상황에 대처하는 방법을 미리 설정해 두는 예외 처리법의 장단점에 대해 논의하라.

복습

1 정수는 min_int ... -3 -2 -1 0 1 2 3 ... max_int까지의 수이고 그 유형은 int이다. 부울값은 true 및 false이고 그 유형은 bool이다. 문자는 'X' 및 '!'와 같은 것으로 그 유형은 char이다.

수학 연산자 + - * / mod는, 정수 두 개를 연산재로 취하고 그 결과치는 새로운 정수이다.

연산자 = < <= > >= <> 등으로 두 값을 비교하고 그 결과치는 true 또는 false가 된다.

조건문 **if** *expression1* **then** *expression2* **else** *expression3*에서, *expression1*은 bool 유형이고, *expression2*와 *expression3*은 서로 동일한 유형이다.

부울 연산자에는 && 및 ||가 있고 이를 적용하여 합성(compound) 부울 표현식을 만들 수 있다.

2 표현식의 평가치에 이름을 부여하는 데 **let** *name* = *expression* 구문을 사용한다. 합성 표현식(compound expression)을 작성하는 데에는 **let** *name1* = *expression1* **in let** *name2* = *expression2* **in** ... 구문을 사용한다.

함수는 **let** *name argument1 argument2* ... = *expression* 형식으로 정의한다. 이러한 함수의 유형은 $\alpha \rightarrow \beta$, $\alpha \rightarrow \beta \rightarrow \gamma$ 또는 ... 등으로 규정되는데, 여기에서 α, β, γ, ... 등도 각각 유형이다.

재귀 함수도 같은 방식으로 정의하지만 let 대신 let rec를 사용한다.

3 문양 어울림 구문 구조의 일반형은, **match** *expression1* **with** *pattern1* | ... -> *expression2* | *pattern2* | ... -> *expression3* | ...이다. 이 구조 안에서 *pattern_i* | ... -> *expression_{i+1}* 형식의 표현식을 볼 수 있는데, 이 경우의 세로대(|, vertical bar)는 문양을 합성하는 문양 연산자이다. 표현식 *expression2*, *expression3*, ... 등은 서로 같은 유형이어야 한다. 이것이 표현식 **match** ... **with** ... 전체의 유형이 된다.

4 띠는 같은 유형의 0개 이상의 요소가 순서 있게 나열된 모임이다. 이는 대괄호 사이에서 요소들을 쌍반점으로 구분하여 [1; 2; 3; 4; 5]와 같이 표기한다. 비어 있는 띠가 아니라면, 띠에는 첫 번째 요소인 머리와 머리를 제외한 나머지 요소로 구성된 꼬리가 있는데, 꼬리 또한 띠이다.

"cons" 연산자 ::는 기존 띠 앞에 단일 요소를 추가하는 데 사용한다. "append" 연산자 @는 두 띠를 이어 붙이는 데 사용한다.

문양 어울림에 띠와 함께 "cons" 연산자 ::를 사용할 수도 있는데, 띠의 길이가 0, 1, ... 등인지 확인하거나 띠에 특정 내용이 있는지를 분별하는 데 활용한다.

5 문양 어울림에 한 번에 둘 이상을 고려하는 경우에는, 다음과 같이 고려 대상을 쉼표로 구분하여 사례를 표현한다. **match a, b with 0, 0 ->** *expression1* **| x, y ->** *expression2* **| ...**

6 무명 함수는 **fun** *name* **->** *expression*의 형식으로 정의한다. 연산자는 (<=) 또는 (+)와 같이 여백을 둔 괄호로 묶어 표기하여, 함수가 나타나야 하는 자리에 대신 쓸 수 있다.

7 예외는 **exception** *name*으로 정의한다. 예외가 수반하는 정보의 유형은 **of** *type* 부속 문구로 명시할 수 있다. **raise**로 예외를 발동시킨다. 예외 처리기는 **try ... with ...** 구문으로 작성한다.

탐색

많은 프로그램에서 *사전*(*dictionary*)이라는 구조를 활용한다. 진짜 사전에는 단어의 뜻풀이 즉 단어와 그 단어의 정의가 결부되어 있다. 그런데 이러한 "사전"의 의미를 보다 일반화시켜, "사전에는 유일한 *열쇠*(*key*, 키)가 어떤 *값*(*value*)과 결부되어 있다"고 하겠다. 이 때 열쇠는 진짜 사전의 단어에 해당하고 값은 정의에 대응한다. 예를 들어, 다음과 같은 정보를 저장하고 싶다고 하자. 표는 길거리 각 집의 거주 인원수를 나타낸다.

집	거주 인원
1	4
2	2
3	2
4	3
5	1
6	2

집 번호는 열쇠이고 거주 인원은 값이다. 열쇠의 순서는 중요하지 않다. 각 열쇠를 단 하나의 값과 결부시킬 수 있기만 하면 된다. 집 번호와 거주 인원을 두 띠에 분리 저장한다면 관리가 매우 번거롭게 될 것이다. 그 이유는 무엇보다도 관리가 부실하면 두 띠의 길이가 자칫 달라질 수도 있다는 데 있다. 바람직한 것은, 결부된 정보를 (1, 4)와 같이 쌍(pair)으로 표현하여 요소화한 다음, 띠를 하나만 관리하는 방법이다. 오캐믈에서도 정보 쌍을 표현할 때 괄호와 쉼표를 쓴다.

```
p : int × int
let p = (1, 4)
```

정보 쌍 p의 유형이 int × int인데, 이를 "정수 곱하기 정수(int cross int)"로 읽는다. 화면 출력에서는 곱셈과 마찬가지로 × 대신 *가 나타난다. 다음과 같이 쌍 내부의 두 요소는 유형이 달라도 된다.

```
q : int × char

let q = (1, '1')
```

문양 어울림을 사용하여 다음과 같이 첫 번째 및 두 번째 요소를 추출하는 함수를 간단하게 작성할 수 있다.

```
fst : α × β → α
snd : α × β → β

let fst p = match p with (x, _) -> x
let snd p = match p with (_, y) -> y
```

사실, 띠의 형식은 빈 경우와 머리와 꼬리로 구성되는 경우로 두 가지이지만, 정보 쌍의 형식은 하나뿐이다. 그러면 오캐믈에서는 함수의 인수 자리에 문양을 직접 쓸 수 있기 때문에, 다음과 같이 추출 함수를 명쾌하게 표현할 수 있다.

```
fst : α × β → α
snd : α × β → β

let fst (x, _) = x
let snd (_, y) = y
```

이제 사전을 다음과 같이 정보 쌍이 요소가 되는 띠로 저장할 수 있다.

```
census : (int × int) list

let census = [(1, 4); (2, 2); (3, 2); (4, 3); (5, 1); (6, 2)]
```

유형을 명세할 때 int × int를 괄호 안에 넣었음에 유의하자. 그렇게 하지 않았으면 다음과 같이 정수와 정수 띠가 정보 쌍을 이루는 유형이 된다.

```
y : int × int list

let y = (1, [2; 3; 4])
```

사전으로 무슨 작업을 하려고 할까? 꼭 할 필요가 있는 일은, 다음과 같이 주어진 열쇠에 결부된 값을 찾기이다.

```
lookup : α → (α × β) list → β

let rec lookup x l =
  match l with
    [] -> raise Not_found              끝까지 왔지만 찾지 못했다.
  | (k, v)::t ->
      if k = x then v else lookup x t      찾은 값을 반환하거나
                                        꼬리에서 계속 찾는다.
```

예를 들어, lookup 4 census는 3으로 평가되는 반면 lookup 9 census는 Not_found를 발생시킨다. 꼭 할 필요가 있는 또 다른 기본적인 일은, 자료 항목 추가하기이다. 항목이 이미 사전에 등록되어 있는 경우 대체해야 한다. 그것은, 각 열쇠가 사전에서 기껏해야 한 번만 나타난다는 속성을 유지하기 위해서이다.

```
add : α → β → (α × β) list → (α × β) list

let rec add k v d =                          열쇠, 결부된 값, 사전
  match d with
    [] -> [(k, v)]                           없으면 추가하라.
  | (k', v')::t ->
      if k = k'
        then (k, v) :: t          열쇠가 같을 때는 항목을 교체하라.
        else (k', v') :: add k v t           그렇지 않으면,
                              항목을 유지하고 꼬리에서 처리를 계속하라.
```

예를 들어, add 6 2 [(4, 5); (6, 3)]은 [(4, 5); (6, 2)]로 평가된다. 열쇠 6의 값이 2로 대체되었다. 그렇지만 add 6 2 [(4, 5); (3, 6)]은 [(4, 5); (3, 6); (6, 2)]로 평가된다. 열쇠 6에 대한 새 항목이 추가되었다. 이제 요소를 제거하는 것은 다음과 같이 쉽게 쓸 수 있다.

```
remove : α → (α × β) list → (α × β) list

let rec remove k d =
  match d with
```

```
    [] -> []                                    항목이 없으면 삭제가 끝났다.
  | (k', v')::t ->
      if k = k'
        then t                       열쇠가 같을 때는 항목을 삭제하고 끝내라.
        else (k', v') :: remove k t                         그렇지 않으면,
                                        항목을 유지하고 꼬리에서 처리를 계속하라.
```

remove 함수는 제거라는 목적을 항상 달성하게 되어 있다. 제거할 열쇠를 찾을 수 없을지라도 말이다. 이런 어색함을 해소하기 위해서는, 존재 여부를 확인하는 함수가 있어야 할 것이다. 열쇠가 사전에 등록된 것인지 확인하는 함수는, 예외 처리와 함께 찾기 연산을 활용하여 다음과 같이 작성할 수 있다.

```
key_exists : α → (α × β) list → bool

let key_exists k d =
  try
    let _ = lookup k d in true
  with
    Not_found -> false
```

key_exists 함수는 lookup k d가 성공하면 true를 반환한다. 그렇지 않으면, 예외가 발생하는데, 이를 key_exists 자체적으로 처리하여 false를 반환한다. 유의할 점은, lookup k d가 성공했을지라도 key_exists 함수는 열쇠에 결부된 값을 사용하지 않고 true만을 반환하므로 lookup k d의 결과에 이름을 지정하지 않았다.

정보 쌍은 바로, *짝*(*tuple*, *투플*)이라고 부르는 더 일반적인 구조의 특정 사례 (instance)이다. 둘 이상의 것이 정보 짝을 이룰 수 있다. 예를 들어 (1, false, 'a')의 유형은 int × bool × char이다.

연습문제

1. 사전에서 서로 다른 열쇠의 개수를 확인하는 함수를 작성하라.

2. 추가 함수 add와 비슷한 대체 함수 replace를 정의하되, 대체될 열쇠가 사전에 없으면 Not_found 예외를 발동시키게 하라.

3. 사전을 구축하는 함수를 작성하라. 길이가 같은 두 개의 띠가 주어지는데, 하나에는 열쇠 그리고 다른 하나에는 값이 기록되어 있다고 한다. 띠의 길이가 같지 않으면 Invalid_argument 예외를 발동시키게 하라.

4. 이번에는 역함수를 작성하라. 사전이 주어지면 띠 두 개로 구성된 쌍을 반환하라. 첫 번째 띠에는 열쇠가 다 있고 두 번째 띠에는 값이 모두 있다.

5. 띠를 사전으로 변환하는 함수를 정의하라. 띠의 요소는 정보 쌍이라고 한다. 만일 중복 열쇠가 있을지라도, 처음으로 본 열쇠에 결부된 값을 유지해야 한다.

6. 두 사전을 통합하는 함수 union a b를 작성하라. 통합 사전은 한쪽 사전 또는 다른 쪽 사전 또는 둘 다에 속하는 모든 자료 항목을 포함하는 사전이다. 열쇠가 두 사전에 모두 포함된 경우, 첫 번째 사전의 값을 선호한다.

📋 복습

1 정수는 min_int ... -3 -2 -1 0 1 2 3 ... max_int까지의 수이고 그 유형은 int이다. 부울값은 true 및 false이고 그 유형은 bool이다. 문자는 'X' 및 '!'와 같은 것으로 그 유형은 char이다.

수학 연산자 + - * / mod는, 정수 두 개를 연산재로 취하고 그 결과치는 새로운 정수이다.

연산자 = < <= > >= <> 등으로 두 값을 비교하고 그 결과치는 true 또는 false가 된다.

조건문 **if** *expression1* **then** *expression2* **else** *expression3*에서, *expression1*은 bool 유형이고, *expression2*와 *expression3*은 서로 동일한 유형이다.

부울 연산자에는 && 및 ||가 있고 이를 적용하여 합성(compound) 부울 표현식을 만들 수 있다.

2 표현식의 평가치에 이름을 부여하는 데 **let** *name* = *expression* 구문을 사용한다. 합성 표현식(compound expression)을 작성하는 데에는 **let** *name1* = *expression1* **in** **let** *name2* = *expression2* **in** ... 구문을 사용한다.

함수는 **let** *name* *argument1* *argument2* ... = *expression* 형식으로 정의한다. 이러한 함수의 유형은 $\alpha \rightarrow \beta$, $\alpha \rightarrow \beta \rightarrow \gamma$ 또는 ... 등으로 규정되는데, 여기에서 α, β, γ, ... 등도 각각 유형이다.

재귀 함수도 같은 방식으로 정의하지만 let 대신 let rec를 사용한다.

3 문양 어울림 구문 구조의 일반형은, **match** *expression1* **with** *pattern1* | ... -> *expression2* | *pattern2* | ... -> *expression3* | ...이다. 이 구조 안에서 *pattern_i* | ... -> *expression_{i+1}* 형식의 표현식을 볼 수 있는데, 이 경우의 세로대(|, vertical bar)는 문양을 합성하는 문양 연산자이다. 표현식 *expression2*, *expression3*, ... 등은 서로 같은 유형이어야 한다. 이것이 표현식 **match** ... **with** ... 전체의 유형이 된다.

4 띠는 같은 유형의 0개 이상의 요소가 순서 있게 나열된 모임이다. 이는 대괄호 사이에서 요소들을 쌍반점으로 구분하여 [1; 2; 3; 4; 5]와 같이 표기한다. 비어 있는 띠가 아니라면, 띠에는 첫 번째 요소인 머리와 머리를 제외한 나머지 요소로 구성된 꼬리가 있는데, 꼬리 또한 띠이다.

"cons" 연산자 ::는 기존 띠 앞에 단일 요소를 추가하는 데 사용한다. "append" 연산자 @는 두 띠를 이어 붙이는 데 사용한다.

문양 어울림에 띠와 함께 "cons" 연산자 ::를 사용할 수도 있는데, 띠의 길이가 0, 1, ... 등인지 확인하거나 띠에 특정 내용이 있는지를 분별하는 데 활용한다.

5 문양 어울림에 한 번에 둘 이상을 고려하는 경우에는, 다음과 같이 고려 대상을 쉼표로 구분하여 사례를 표현한다. match a, b with 0, 0 -> *expression1* | x, y -> *expression2* | ...

6 무명 함수는 fun *name* -> *expression*의 형식으로 정의한다. 연산자는 (<=) 또는 (+)와 같이 여백을 둔 괄호로 묶어 표기하여, 함수가 나타나야 하는 자리에 대신 쓸 수 있다.

7 예외는 exception *name*으로 정의한다. 예외가 수반하는 정보의 유형은 of *type* 부속 문구로 명시할 수 있다. raise로 예외를 발동시킨다. 예외 처리기는 try ... with ... 구문으로 작성한다.

8 정보 짝은 유한개의 요소를 (a, b), (a, b, c) 등과 같이 결합하는 구조로서 그 유형이 각각 $\alpha \times \beta$, $\alpha \times \beta \times \gamma$ 등이다.

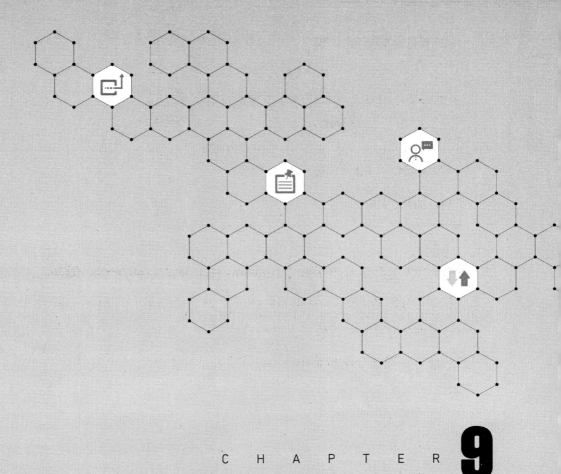

고계 함수

간단한 함수이지만 인수가 하나를 초과한 경우, 함수의 유형을 다시 살펴보자.

```
add : int → int → int
let add x y = x + y
```

이와 같은 함수를 지금까지는, 두 인수를 취하여 결과를 반환하는 함수로 간주하였다. 사실, 진상은 좀 다르다. 유형 int → int → int는 int → (int → int)로 쓸 수도 있다. 오캐믈에서는 이러한 괄호를 생략할 수 있는데, 그 이유는 유형 표현식에서 연산자 →가 우결합적(right-associative)이기 때문이다. 이것이 바로 진상 파악의 단서가 된다.

> *사실, 함수 add에 정수를 적용하면 인수가 1개 줄어든 함수로 변한다. 변한 함수에 정수를 적용하면 실행이 되어 두 정수의 합계가 산출되는 것이다.*

이러한 사실에서 한 가지를 제외하고는 특별히 관심을 환기할 만한 것이 없겠다. 그것은, 두 개의 인수가 필요한 함수에, 인수를 한 번에 하나씩 나누어서 적용할 수 있다는 것이다. 이는 프로그램 작성에 상당히 유용한 특성으로 드러난다. 예를 들면 다음과 같다.

OCaml

```
# let add x y = x + y
val add : int -> int -> int = <fun>
# let f = add 6
```

```
val f : int -> int = <fun>
# f 5
- : int = 11
```

여기에서는 함수 add에 6이라는 인수를 하나만 적용하여 함수 f를 정의하였다. 이것은 int → int 유형의 함수가 되고 임의의 수에 6을 더하는 함수이다. 그런 다음, 이 함수 f 에 5를 적용하면 11이 산출된다. 함수 f를 정의할 때 *부분 적용(partial application)*을 사용했다. 이는 일부 인수에만 값을 적용했다는 것을 뜻한다. 실제로, 인수 각각에 대한 값을 모든 인수에 대하여 동시에 적용하는 경우라 할지라도, add 6 5라고 쓰는 것과 동일하게 그 대신 (add 6) 5라고 쓸 수 있다. 부분 적용을 활용하여 다음과 같이 띠의 모든 요소에 6을 더할 수도 있다.

```
map (add 6) [10; 20; 30]
```

여기에서 add 6은 유형이 int → int인데, map으로써 add 6을 정수 띠에 사상하려는 경우에 map의 첫째 인수로 적합한 유형이다. 부분 적용을 활용하면 이 책에서 이미 공부한 일부 예제를 단순화할 수도 있다. 예를 들어 여백을 둔 괄호로 연산자를 묶어 (*)라고 쓰면, 연산자에서 함수를 생성할 수 있다고 했었다. 생성된 함수의 유형은 int → int → int이다. 부분 적용을 이 함수에 시행할 수 있는바, 다음과 같이 쓰는 대신에

```
map (fun x -> x * 2) [10; 20; 30]
```

다음과 같이 쓸 수 있겠다.

```
map (( * ) 2) [10; 20; 30]
```

제6장의 연습문제에서, α list list 유형의 띠를 $\alpha \rightarrow \beta$ 유형의 함수로 사상하여 β list list 유형의 띠를 생성하는 함수를 본 적이 있다.

```
mapl : (α → β) → α list list → β list list

let rec mapl f l =
  match l with
    [] -> []
  | h::t -> map f h :: mapl f t
```

부분 적용을 활용한다면 이 함수를 다음과 같이 쓸 수 있겠다.

```
mapl : (α → β) → α list list → β list list

let mapl f l = map (map f) l
```

이렇게 되는 이유를 알아보자. 부분 적용이 된 함수 map f는 그 유형이 α list $\rightarrow \beta$ list인데, 이는 띠의 띠(즉, 띠를 요소로 하는 띠)를 사상할 때 map의 첫째 인수가 되는 함수의 올바른 유형이다. 실제로, 더 나아가 다음과 같이 쓸 수도 있다.

```
mapl : (α → β) → α list list → β list list

let mapl f = map (map f)
```

여기서, map (map f)는 그 유형이 α list list $\rightarrow$ β list list이다. 따라서 mapl에 f를 적용하면, 인수가 바로 띠의 띠(즉, 띠를 요소로 하는 띠)인 함수가 반환된다. 이 또한 부분 적용이 시행된 결과이다.

다인수 함수의 실제 구조는, 다음과 같이 무명 함수로 add 함수를 작성해 보면 그 모습을 엿볼 수 있다.

```
add : int → int → int
let add = fun x -> fun y -> x + y
```

이것은 인수 두 개의 add 함수가 실제로는 인수 하나인 함수의 합성임을 더 분명하게 나타내고 있다. 그러나 let add x y = x + y라는 함수 정의가 더 명료하다! 한 번에 하나 이상의 인수를 적용할 수 있기는 하지만, 원래 나타난 순서는 지켜야 한다. 이 장의 모든 내용은 인수가 두 개를 초과하는 함수에도 적용된다.

요약

함수 f x y의 유형은 $\alpha \to \beta \to \gamma$인데, 유형을 $\alpha \to (\alpha \to \gamma)$라고 쓸 수도 있다. 따라서 함수 f x y는 α 유형의 인수를 취하여 $\beta \to \gamma$ 유형의 함수를 반환한다. 이 함수에 β 유형의 인수를 적용하면 γ 유형의 것이 반환된다. 그리하여 함수 f에 하나의 인수만 값을 정하는 부분 적용을 시행하거나, 한 번에 둘 다 값을 정할 수 있다. `let f x y = ...`라는 표현식은 바로 `let f = fun x -> fun y -> ...`을 줄여서 쓴 것이다.

📋 연습문제

1. 본 장의 끝에 있는 요약 단락을 다시 작성하되, 이제는 인수 세 개의 함수 g a b c 에 대하여 기술하라.

2. 함수 member x l은 요소 x가 띠 l에 포함되어 있는지 판별하는 함수였다. 이 함수 의 유형을 말하라. 부분 적용된 함수 member x의 유형도 밝혀라. 이를 바탕으로 부 분 적용을 활용하여 member_all x ls 함수를 작성하라. 이 함수는 요소 x가 띠의 띠(즉, 띠를 요소로 하는 띠) ls의 모든 요소 띠에 포함되어 있는지 판별하는 함수 이다.

3. 띠의 모든 요소를 반으로 줄이는 함수를 map ((/) 2) [10; 20; 30]과 같이 작 성할 수 없는 이유를 말하라. 나누기 함수를 적합하게 작성하되, 부분 적용이 예시 된 방식으로 시행되게 하라.

4. 띠의 띠의 띠(즉, 띠의 띠를 요소로 하는 띠)에 함수를 사상하는 함수 mapll을 작 성하라. let rec 구문을 사용해서는 안 된다. 다음 함수를 작성할 수 있는지 판단 하라. 인수로 주어진 띠의 종류에 따라 map, mapl 또는 mapll처럼 작동하는 함수를 말이다.

5. truncate 함수를 작성하라. 인수로 정수와 띠의 띠가 주어지고, 띠의 띠를 반환한 다. 반환하는 띠의 요소 띠는, 원래 띠를 주어진 정수 길이로 잘라서 줄인 띠여야 한다. 원래 띠가 정수 길이보다 짧으면 그대로 둔다. 부분 적용을 활용하라.

6. 다음 함수를 작성하라. 인수로 정수 띠의 띠가 주어지고, 요소(즉, 정수 띠)의 첫 번째 요소로 구성된 띠를 반환하는 함수이다. 띠가 비어 있으면 첫 번째 요소 대신 미리 정해 놓은 수를 사용해야 한다.

복습

1 정수는 min_int ... -3 -2 -1 0 1 2 3 ... max_int까지의 수이고 그 유형은 int이다. 부울값은 true 및 false이고 그 유형은 bool이다. 문자는 'X' 및 '!'와 같은 것으로 그 유형은 char이다.

수학 연산자 + - * / mod는, 정수 두 개를 연산재로 취하고 그 결과치는 새로운 정수이다.

연산자 = < <= > >= <> 등으로 두 값을 비교하고 그 결과치는 true 또는 false가 된다.

조건문 **if** *expression1* **then** *expression2* **else** *expression3*에서, *expression1*은 bool 유형이고, *expression2*와 *expression3*은 서로 동일한 유형이다.

부울 연산자에는 && 및 ||가 있고 이를 적용하여 합성(compound) 부울 표현식을 만들 수 있다.

2 표현식의 평가치에 이름을 부여하는 데 **let** *name = expression* 구문을 사용한다. 합성 표현식(compound expression)을 작성하는 데에는 **let** *name1 = expression1* **in let** *name2 = expression2* **in** ... 구문을 사용한다.

함수는 **let** *name argument1 argument2 ... = expression* 형식으로 정의한다. 이러한 함수의 유형은 $\alpha \rightarrow \beta$, $\alpha \rightarrow \beta \rightarrow \gamma$ 또는 ... 등으로 규정되는데, 여기에서 α, β, γ, ... 등도 각각 유형이다.

재귀 함수도 같은 방식으로 정의하지만 let 대신 let rec를 사용한다.

3 문양 어울림 구문 구조의 일반형은, **match** *expression1* **with** *pattern1* | ... -> *expression2* | *pattern2* | ... -> *expression3* | ...이다. 이 구조 안에서 *pattern_i* | ... -> *expression_{i+1}* 형식의 표현식을 볼 수 있는데, 이 경우의 세로대(|, vertical bar)는 문양을 합성하는 문양 연산자이다. 표현식 *expression2*, *expression3*, ... 등은 서로 같은 유형이어야 한다. 이것이 표현식 **match** ... **with** ... 전체의 유형이 된다.

4 띠는 같은 유형의 0개 이상의 요소가 순서 있게 나열된 모임이다. 이는 대괄호 사이에서 요소들을 쌍반점으로 구분하여 [1; 2; 3; 4; 5]와 같이 표기한다. 비어 있는 띠가 아니라면, 띠에는 첫 번째 요소인 머리와 머리를 제외한 나머지 요소로 구성된 꼬리가 있는데, 꼬리 또한 띠이다.

"cons" 연산자 ::는 기존 띠 앞에 단일 요소를 추가하는 데 사용한다. "append" 연산자 @는 두 띠를 이어 붙이는 데 사용한다.

문양 어울림에 띠와 함께 "cons" 연산자 ::를 사용할 수도 있는데, 띠의 길이가 0, 1, ... 등인지 확인하거나 띠에 특정 내용이 있는지를 분별하는 데 활용한다.

5 문양 어울림에 한 번에 둘 이상을 고려하는 경우에는, 다음과 같이 고려 대상을 쉼표로 구분하여 사례를 표현한다. **match a, b with 0, 0 ->** *expression1* **| x, y ->** *expression2* **| ...**

6 무명 함수는 **fun** *name* **->** *expression*의 형식으로 정의한다. 연산자는 (<=) 또는 (+)와 같이 여백을 둔 괄호로 묶어 표기하여, 함수가 나타나야 하는 자리에 대신 쓸 수 있다.

7 예외는 **exception** *name*으로 정의한다. 예외가 수반하는 정보의 유형은 **of** *type* 부속 문구로 명시할 수 있다. **raise**로 예외를 발동시킨다. 예외 처리기는 **try ... with ...** 구문으로 작성한다.

8 정보 짝은 유한개의 요소를 (a, b), (a, b, c) 등과 같이 결합하는 구조로서 그 유형이 각각 $\alpha \times \beta$, $\alpha \times \beta \times \gamma$ 등이다.

9 함수의 부분 적용이란, 전체 인수가 아닌 일부 인수에만 값을 적용함을 뜻한다. 연산자에서 생성한 함수에 부분 적용을 시행할 수 있다.

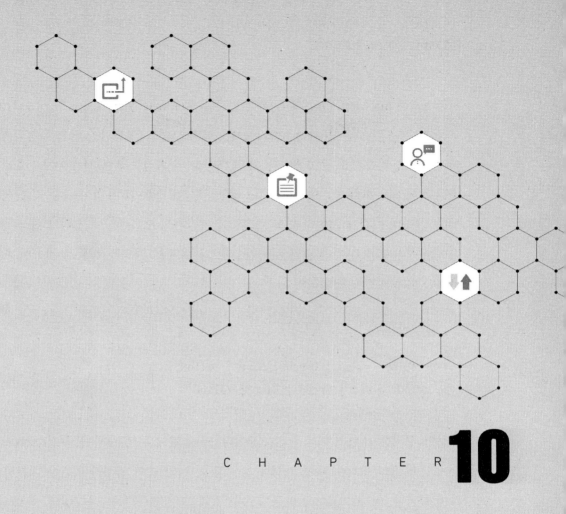

CHAPTER **10**

유형 정의

지금까지는 int, bool, char 등과 같은 단순 유형(simple type)과, list 및 정보 짝(tuple, 투플)과 같은 합성 유형(compound type)을 살펴보았다. 그 동안 이러한 유형의 함수를 이러한 유형을 토대로 구축했었다. 표현 대상을 띠와 정보 짝을 사용하여 부호로 나타 내는 것이 가능하다. 이 때, 띠와 정보 짝의 구성 요소는 그 유형이 단순 및 합성 유형 이다. 그러나 이렇게 표현하면, 프로그램이 복잡하고 오류투성이가 되기 십상이다. 이 장에서는 유형을 손수 정의할 것이다. 새로운 유형의 정의는 **type**로 시작한다. 색상 유형을 다음과 같이 정의하였다.

OCaml

```
# type colour = Red | Green | Blue | Yellow;;
type colour = Red | Green | Blue | Yellow
```

새로이 정의한 유형의 이름은 colour이다. 이 유형에는 네 개의 *생성자*(*constructor*) 가 있는데, Red, Green, Blue, Yellow 등이고 이 예와 같이 생성자 이름은 대문자로 시 작해야 한다. 이들은 colour 유형에 속한 값과 그 값의 형식을 나타낸다. 이제 colour 유형의 값을 다음과 같이 만들 수 있다.

```
col : colour
cols : colour list
colpair : char × colour

let col = Blue

let cols = [Red; Red; Green; Yellow]

let colpair = ('R', Red)
```

색상 유형 colour를 확장하여, RGB(Red, Green, Blue) 색상 체계로 표현할 수 있는 다른 색상을 포함시켜 보자. RGB 삼원색 구성 요소의 범위는 각각 0 이상 255 이하이며, 표준 범위 안에서 1,600만 가지의 서로 다른 색상을 표현한다.

```
type colour =
    Red
|   Green
|   Blue
|   Yellow
|   RGB of int × int × int

cols : colour list

let cols = [Red; Red; Green; Yellow; RGB (150, 0, 255)]
```

새로이 도입한 생성자 RGB는, of 부속 문구를 사용하여 정보가 내장된 값을 생성시키게 되어 있다. 여기에서 내장 정보의 유형은 int × int × int이다. 주의할 사항은, 띠 cols는 유형이 colour list이고 다양한 것이 포함되어 있지만 요소의 유형이 모두 같다. 이는 띠가 되기 위한 조건을 충족시키는 것이다. 이제 다음과 같이 문양 어울림을 새로운 유형에 적용하는 함수를 작성할 수 있다.

```
components : colour → int × int × int

let components c =
    match c with
      Red -> (255, 0, 0)
```

```
|  Green -> (0, 255, 0)
|  Blue -> (0, 0, 255)
|  Yellow -> (255, 255, 0)
|  RGB (r, g, b) -> (r, g, b)
```

유형 정의에는 α와 같은 *유형 변수(type variable)*가 포함될 수 있다. 이로써 새로운 유형을 정의할 때 그 성분 유형이 변경될 수 있게 되는 것이다.

즉, 유형을 다형적(polymorphic)이 되게 한다. 예를 들어, 다음 유형은 아무것도 없거나 어떤 유형의 것이 있음을 표현하기 위한 것이다.

OCaml

```
# type 'a option = None | Some of 'a;;
type 'a option = None | Some of 'a
```

이 유형 정의를 읽어 보면, "*유형이 α option인 값은 아무것도 아니거나, 또는 유형이 α 인 어떤 것이다*"가 된다. 이를 활용한 다음 예를 보자.

```
nothing : α option
number : int option
numbers : int option list
word : char list option

let nothing = None

let number = Some 50
```

```
let numbers = [Some 12; None; None; Some 2]

let word = Some ['c'; 'a'; 'k'; 'e']
```

이렇게 정의한 **option** 유형이 유용한 것은, 응답 없음이 통상적인 (그래서 응답 없음이 진짜로 예외적이지 않은) 경우, 관리의 용이성 측면에서 예외 처리를 대신할 수 있다는 점에 그 이유가 있다. 예를 들어, 다음 함수는 사전에서 원하는 값을 찾을 수 없는 경우, 예외를 발생시키는 대신 **None**을 반환한다.

```
lookup_opt : α → (α × β) list → β option

let rec lookup_opt x l =
    match l with
      [] -> None
    | (k, v)::t -> if x = k then Some v else lookup_opt x t
```

이제 예외 처리에 대해 걱정할 필요가 없게 되었다. 단지 문양 어울림만으로 함숫값을 모두 결정할 수 있기 때문이다.

유형은, 다형적이 되게 정의할 수 있을 뿐만 아니라, 새로운 유형을 재귀적으로도 정의할 수 있다. 이 기능을 사용하면 띠를 손수 정의할 수 있다. 다음과 같이 하여 오캐믈의 내장 띠와 꼭 같은 역할을 하지만, 특별한 표기법을 쓰지 않는 띠를 정의한다.

```
        OCaml

# type 'a sequence = Nil | Cons of 'a * 'a sequence;;
type 'a sequence = Nil | Cons of 'a * 'a sequence
```

혼동을 피하기 위해 자작 유형의 이름을 sequence라고 하였다. 생성자가 두 개 있다. []의 역할을 하는 Nil, 그리고 연산자 ::의 역할을 하는 Cons가 그것들이다. 생성자 Cons은 두 가지 내장 정보를 포함한다. 하나는 머리로서 유형이 α이고, 다른 하나는 꼬리인데 그 유형이 α sequence이다. 꼬리에서 정의의 재귀가 일어난다. 이제 다음과 같이 오캐믈의 내장 띠와 동등한 자작 띠를 만들어 쓸 수 있다.

내장 띠	자작 띠	자작 유형
[]	Nil	α sequence
[1]	Cons (1, Nil)	int sequence
['a'; 'x'; 'e']	Cons ('a', Cons ('x', Cons ('e', Nil)))	char sequence
[Red; RGB (20, 20, 20)]	Cons (Red, Cons (RGB (20, 20, 20), Nil))	colour sequence

이제, 오캐믈에서 띠의 마지막 요소에 도달하는 것이 첫 번째 요소에 이르는 것보다 왜 더 어려운지 그 이유를 알 수 있겠다. 마지막 요소는 구조적으로 더 깊은 곳에 자리 잡고 있기 때문이다.

이제 그 기능은 같지만, 유형이 다른 함수를 비교해 보려고 한다. 오캐믈 내장 유형 list를 대상으로 정의한 함수와, 같은 기능을 새로운 자작 유형 sequence를 대상으로 정의한 함수가 비교 대상이다. 먼저, 내장 유형 list를 대상으로 정의한 함수들이 다음에 있다.

```
length : α list → int
append : α list → α list → α list

let rec length  l =
   match l with
```

```
    [] -> 0
  | _::t -> 1 + length t

let rec append a b =
  match a with
    [] -> b
  | h::t -> h :: append t b
```

이제 다음은 새로운 자작 유형 sequence를 대상으로 동일한 기능을 수행하도록 정의한 함수이다.

```
length : α sequence → int
append : α sequence → α sequence → α sequence

let rec length s =
  match s with
    Nil -> 0
  | Cons (_, t) -> 1 + length t

let rec append a b =
  match a with
    Nil -> b
  | Cons (h, t) -> Cons (h, append t b)
```

주목할 만한 사실은, 완비성 탐지 및 밑줄 사용과 같은 문양 어울림의 모든 편의가 자작 유형을 대상으로 할 때에도 잘 작동한다는 것이다.

수식 유형

자작 유형 sequence는 재귀적으로 정의한(recursively-defined) 유형의 한 예로서, 재귀적으로 구성되어 있기 때문에, 재귀 함수로 자연스럽게 처리할 수 있는 유형이다. 수학에서 사용하는 수식에 대해서도 같은 방식으로 그 모형(model)을 만들 수 있다. 예를 들어, 수식 $1 + 2 \times 3$은 다음과 같이 그릴 수 있다.

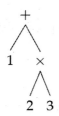

유의할 사항은, 이 표현에서는 괄호가 전혀 필요 없다는 것인데, 도식에서 모호한 점이 없다는 말이다. 전체 표현식의 평가는, 다음과 같이 하위 표현식을 차례로 축약시켜 성취한다.

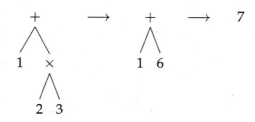

이러한 수식 표현에 적합한 유형은 다음과 같다.

```
type expr =
  Num of int
```

```
|   Add of expr * expr
|   Subtract of expr * expr
|   Multiply of expr * expr
|   Divide of expr * expr
```

예를 들어, 이 자료 유형(data type)으로 앞에서 본 수식 1 + 2 × 3을 표현한다면 다음과 같이 된다.

```
Add (Num 1, Multiply (Num 2, Num 3))
```

이제 expr 유형의 수식을 평가하는 함수를 다음과 같이 작성할 수 있다.

```
evaluate : expr → int

let rec evaluate e =
    match e with
      Num x -> x
    | Add (e, e') -> evaluate e + evaluate e'
    | Subtract (e, e') -> evaluate e - evaluate e'
    | Multiply (e, e') -> evaluate e * evaluate e'
    | Divide (e, e') -> evaluate e / evaluate e'
```

자작 유형을 구축하여 활용하면 프로그램의 행동거지를 더욱 예측 가능하게 만들 수 있어 프로그램이 명쾌해진다. 또한 해법 설계라는 본질적인 문제에 대해 집중해서 생각할 수 있게 한다. 대체로 유형 결정을 잘하면 함수 작성이 쉬워진다.

연습문제

1. 직사각형을 표현하기 위한 새로운 유형 rect를 정의하라. 정사각형은 특수한 경우로 취급한다.

2. 이제 rect → int 유형의 함수 area를 작성하여 주어진 직사각형의 면적을 계산하라.

3. rect 유형의 직사각형을 회전시키는 함수 rotate를 작성하라. 회전 목적은 높이가 너비 이상이 되게 하는 것이다. 만일 이미 목적이 달성된 상태라면 회전시키지 않는다.

4. 함수 rotate를 활용하여 다음 함수 pack을 작성하라. 함수 pack은 rect list 유형의 직사각형 띠가 주어지면, 요소들의 너비 합계가 가장 작고, 요소들이 너비가 좁은 순서로 정렬된 띠를 반환한다.

5. 자작 유형 sequence를 대상으로 하는 take, drop, 그리고 map 함수를 작성하라.

6. expr 유형과 evaluate 함수를 확장하여 거듭제곱 연산이 가능하게 하라.

7. option 유형을 활용하여, evaluate 함수에서 자칫 Division_by_zero가 발생하여 일으키는 문제를 처리하게 하라.

복습

1 정수는 min_int ... -3 -2 -1 0 1 2 3 ... max_int까지의 수이고 그 유형은 int이다. 부울값은 true 및 false이고 그 유형은 bool이다. 문자는 'X' 및 '!'와 같은 것으로 그 유형은 char이다.

수학 연산자 + - * / mod는, 정수 두 개를 연산재로 취하고 그 결과치는 새로운 정수이다.

연산자 = < <= > >= <> 등으로 두 값을 비교하고 그 결과치는 true 또는 false가 된다.

조건문 **if** *expression1* **then** *expression2* **else** *expression3*에서, *expression1*은 bool 유형이고, *expression2*와 *expression3*은 서로 동일한 유형이다.

부울 연산자에는 && 및 ||가 있고 이를 적용하여 합성(compound) 부울 표현식을 만들 수 있다.

2 표현식의 평가치에 이름을 부여하는 데 **let** *name* = *expression* 구문을 사용한다. 합성 표현식(compound expression)을 작성하는 데에는 **let** *name1* = *expression1* **in let** *name2* = *expression2* **in** ... 구문을 사용한다.

함수는 **let** *name argument1 argument2* ... = *expression* 형식으로 정의한다. 이러한 함수의 유형은 $\alpha \to \beta$, $\alpha \to \beta \to \gamma$ 또는 ... 등으로 규정되는데, 여기에서 α, β, γ, ... 등도 각각 유형이다.

재귀 함수도 같은 방식으로 정의하지만 let 대신 let rec를 사용한다.

3 문양 어울림 구문 구조의 일반형은, **match** *expression1* **with** *pattern1* | ... -> *expression2* | *pattern2* | ... -> *expression3* | ...이다. 이 구조 안에서 *pattern_i* | ... -> *expression_{i+1}* 형식의 표현식을 볼 수 있는데, 이 경우의 세로대(|, vertical bar)는 문양을 합성하는 문양 연산자이다. 표현식 *expression2*, *expression3*, ... 등은 서로 같은 유형이어야 한다. 이것이 표현식 **match** ... **with** ... 전체의 유형이 된다.

4 띠는 같은 유형의 0개 이상의 요소가 순서 있게 나열된 모임이다. 이는 대괄호 사이에서 요소들을 쌍반점으로 구분하여 [1; 2; 3; 4; 5]와 같이 표기한다. 비어 있는 띠가 아니라면, 띠에는 첫 번째 요소인 머리와 머리를 제외한 나머지 요소로 구성된 꼬리가 있는데, 꼬리 또한 띠이다.

"cons" 연산자 ::는 기존 띠 앞에 단일 요소를 추가하는 데 사용한다. "append" 연산자 @는 두 띠를 이어 붙이는 데 사용한다.

문양 어울림에 띠와 함께 "cons" 연산자 ::를 사용할 수도 있는데, 띠의 길이가 0, 1, ... 등인지 확인하거나 띠에 특정 내용이 있는지를 분별하는 데 활용한다.

5 문양 어울림에 한 번에 둘 이상을 고려하는 경우에는, 다음과 같이 고려 대상을 쉼표로 구분하여 사례를 표현한다. `match a, b with 0, 0 ->` *expression1* `| x,` y -> *expression2* `| ...`

6 무명 함수는 `fun` *name* `->` *expression*의 형식으로 정의한다. 연산자는 (<=) 또는 (+)와 같이 여백을 둔 괄호로 묶어 표기하여, 함수가 나타나야 하는 자리에 대신 쓸 수 있다.

7 예외는 `exception` *name*으로 정의한다. 예외가 수반하는 정보의 유형은 **of** *type* 부속 문구로 명시할 수 있다. `raise`로 예외를 발동시킨다. 예외 처리기는 `try ...` `with ...` 구문으로 작성한다.

8 정보 짝은 유한개의 요소를 (a, b), (a, b, c) 등과 같이 결합하는 구조로서 그 유형이 각각 $\alpha \times \beta$, $\alpha \times \beta \times \gamma$ 등이다.

9 함수의 부분 적용이란, 전체 인수가 아닌 일부 인수에만 값을 적용함을 뜻한다. 연산자에서 생성한 함수에 부분 적용을 시행할 수 있다.

10 새로운 유형의 정의는 `type` *name* `=` *constructor1* **of** *type1* `|` *constructor2* **of** *type2* `| ...`의 형식을 따른다. 문양 어울림도 내장 유형에 그랬던 것처럼 자작 유형에 동등하게 적용할 수 있다. 유형을 다형적이 되게 하려면 유형 변수를 정의에 포함시킨다.

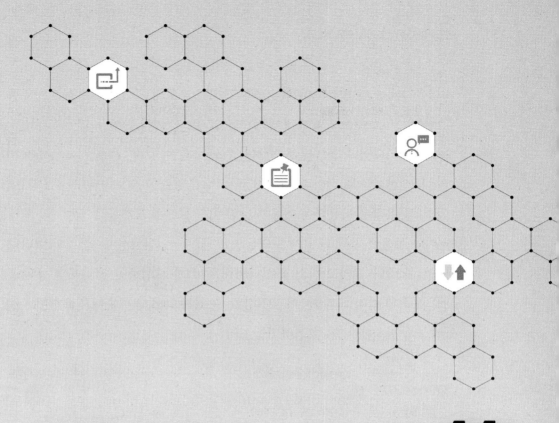

CHAPTER **11**

나무 키우기

지금까지는 소속 요소의 유형이 모두 같지만 모임의 길이가 가변적인 자료를 띠로써 나타내었고, 소속 요소의 유형에 제한은 없지만 모임의 길이가 고정된 자료를 정보 짝으로써 나타내었다. 또 다른 일반적인 자료 유형은 *이진 나무*(*binary tree*)인데, 앞 장에서 구성한 수식과 같이 분기(가지, branch)가 있는 구조를 나타내는 데 사용한다.

오캐믈 유형을 사용하여 어떻게 그런 이진 나무를 표현할 수 있을까? 오캐믈의 내장 띠와 동등한 자작 띠 유형을 만들었을 때, 두 개의 생성자, 즉 띠의 머리와 꼬리를 내장할 Cons와, 그리고 띠의 끝을 나타내는 Nil을 도입하였다. 나무일 경우에는, 왼쪽과 오른쪽의 가지 꼬리 두 개를 저장할 수 있는 Cons 등가물이 필요하며, 여전히 Nil 등가물도 필요하다. 이제 그 정의를 보자.

```
type α tree =
  Br of α × α tree × α tree              가지
| Lf                                       잎
```

이렇게 정의한 유형을 나무(tree)라고 하는데, 가지에 어떤 유형의 자료도 걸어 놓을 수 있다는 점에서 다형적인 자료 유형이다. 이진 나무 표현에도 두 개의 생성자 Br(branch)와 Lf(leaf)를 쓴다. 가지를 나타내는 Br 생성자는 내부 정보 짝에 세 가지 항목을 기록한다. 정보 요소, 왼쪽 하위 나무, 오른쪽 하위 나무 등이 그것들이다. 생성자가 Br이 아닌 경우는 Lf이며 왼쪽 또는 오른쪽 하위 나무가 없음을 표시하는 데 사용한다. 다음은 정수 나무라는 새로운 유형에 대한 도해와 그 표현식이다.

표현식: Br (1, Lf, Lf)

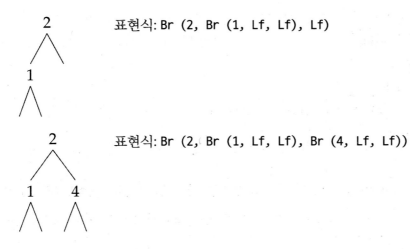

표현식: Br (2, Br (1, Lf, Lf), Lf)

표현식: Br (2, Br (1, Lf, Lf), Br (4, Lf, Lf))

빈 나무는 그저 Lf이다. 생성자 이름을 줄여서 약어로 쓴 이유를 알 수 있겠다. 나무는 작을지라도 표현식은 길어지기 때문이다. 나무를 대상으로 하는 간단한 함수를 작성해 보자. 나무에 내장된 요소 개수를 헤아리려면, 각 가지마다 하나를 세고 잎에서는 개수를 세지 않는다. 다음 함수에서 이를 확인해 보자.

```
size : α tree → int

let rec size tr =
    match tr with
      Br (_, l, r) -> 1 + size l + size r
    | Lf -> 0
```

주목할 만한 사실은, 재귀 함수 정의가 재귀 유형 정의의 모습을 모방한다는 것이다. 다음과 같이 size와 비슷한 total 함수를 정의하여, 정수 나무 int tree 안에 있는 모든 정수를 더할 수 있다.

```
total : int tree → int

let rec total tr =
  match tr with
    Br (x, l, r) -> x + total l + total r
  | Lf -> 0
```

나무의 최대 깊이(depth)는 어떻게 알아낼 수 있을까? 나무 도해의 최상단에는 뿌리
(root)가 있다. 거기에서 출발하여 잎에 이르는 경로(path) 중에서 가장 긴 것이 그 나
무의 최대 깊이이다.

```
max : int → int → int
maxdepth : α tree → int

let max x y =
  if x > y then x else y

let rec maxdepth tr =
  match tr with
    Br (_, l, r) -> 1 + max (maxdepth l) (maxdepth r)
  | Lf -> 0
```

앞에서 정의한 max 함수는 두 정수 중에서 더 큰 정수를 반환한다. 주 함수 maxdepth에
서는, 잎의 최대 깊이 값을 0으로 정하고, 가지의 최대 깊이 값은, 왼쪽 및 오른쪽 하위
나무의 최대 깊이 값 중에서 큰 것을 구한 다음, 거기에 1을 더한 것으로 정한다. 이제
나무에서 모든 정보 요소를 띠로 추출해 내는 함수를 생각해 보자.

```
list_of_tree : α tree → α list

let rec list_of_tree tr =
  match tr with
    Br (x, l, r) -> list_of_tree l @ [x] @ list_of_tree r
  | Lf -> []
```

유의할 점은, 현재 분기점 요소 앞에는 왼쪽 가지의 모든 요소를 나열하고, 현재 분기점 요소 뒤에는 오른쪽 가지의 모든 요소가 나열되도록 했다는 것이다. 이 나열 방식은 달리 정할 수 있다. 나무에서 모든 정보 요소를 띠로 추출해 낼 때, 그 결과 띠가 여럿임은 명백하다. 나무의 실무 응용을 고려하기 전에 함수를 하나 더 살펴보겠다. 다음은 나무를 사상하는 방법이다.

```
tree_map : (α → β) → α tree → β tree

let rec tree_map f tr =
  match tr with
    Br (x, l, r) -> Br (f x, tree_map f l, tree_map f r)
  | Lf -> Lf
```

주목할 만한 사실은, 나무에 대한 map 함수 tree_map이, 유형과 정의 모두에서 띠에 대한 map 함수와 유사하다는 점이다.

나무 응용: 사전 구축 개선

이 장 첫머리에서 본 바와 같이 수식은 종이 위에 나무로 그려 묘사할 수 있었다. 이진 나무에 대해서는, 모든 유형의 정보 요소를 내장할 수 있도록 오캐믈 자료 유형을 설계 하였다. 이제 나무 응용의 가장 중요한 사례를 소개할 차례이다. *이진 검색 나무*(binary search tree)가 그것인데, 제8장에서 설명한 사전이라는 *자료구조*(data structure)를 구 현하는 또 다른 정보 조직체인 것이다.

나무의 가장 중요한 장점은 표적 요소에 도달하는 것이 대체로 훨씬 쉽다는 것이다. 띠로 정의한 사전에서 검색할 때는, 열쇠값을 찾는 데 소요되는 평균 시간이 사전의 항목 수에 비례한다. 그 이유는 표적 항목의 평균적인 위치가 띠의 중간이기 때문이 다. 만일 이진 나무를 사용하고, 왼쪽 및 오른쪽 하위 나무의 정보 요소 밀도가 균형이 잘 잡힌(balanced) 경우라면, 열쇠값을 찾는 데 소요되는 평균 시간이 log_2(사전의 항 목 수)에 비례하는 값으로 축소된다. 그 이유를 말할 수 있을까?

사전 구축에 기존 유형 tree를 사용할 수 있다. 사전의 경우, 그 유형이 $(\alpha \times \beta)$ tree 가 될 것인데, 즉 열쇠가 어떤 유형 α이고 값은 어떤 유형 β인 열쇠-값 쌍의 나무로써 사전을 구현한다. 이 예에서는 다른 내장 유형인 문자열 유형 string을 사용한다. 문자 열은 큰따옴표로 묶은 일련의 문자들이다. 이것은 예외에 첨부된 문구로 본 적이 있지 만, 오캐믈 기본 유형이기도 하다.

따라서 1과 같은 정수를 "one"과 같은 철자에 대응시키는 사전을 생각할 때, 이를 구현할 나무는 다음과 같이 그 유형이 (int × string) tree가 될 것이다.

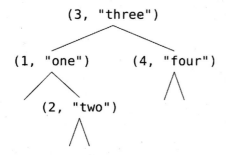

이를 오캐믈 표현식으로 쓰면 다음과 같이 될 것이다.

```
Br ((3, "three"),
    Br ((1, "one"),
        Lf,
        Br ((2, "two"), Lf, Lf)),
    Br ((4, "four"), Lf, Lf))
```

이진 나무를 가꾸되, 각 분기점에서 왼쪽 가지의 모든 열쇠가 분기점 열쇠보다 값이 작으며, 오른쪽 가지의 모든 열쇠가 분기점 열쇠보다 값이 크도록 나무를 유지 관리하면 *이진 검색 나무*가 된다.

이진 검색 나무에서 탐색은 간단하다. 맨 위 뿌리에서 시작하는데, 찾을 열쇠를 보지 못한 경우, 찾을 열쇠값이 현재 분기점의 열쇠값보다 작거나 큰지 여부에 따라 왼쪽 또는 오른쪽 가지로 이동한다. 이렇게 하다가 잎에 도달하면, 이진 검색 나무를 적격한(well-formed, 올바르게 구성된) 것이라고 가정했을 때, 열쇠가 나무에 없었다는 것이 밝혀지고, 따라서 예외를 발동시킨다.

```
lookup : (α × β) tree → α → β

let rec lookup tr k =
  match tr with
    Lf -> raise Not_found
  | Br ((k', v), l, r) ->
      if k = k' then v                    열쇠 발견 - 값 반환
      else if k < k' then lookup l k      왼쪽 가지 탐색
      else lookup r k                     오른쪽 가지 탐색
```

이와는 달리 예외를 발동하는 대신, 다음과 같이 **option** 유형을 활용할 수도 있다.

```
lookup : (α × β) tree → α → β option

let rec lookup tr k =
  match tr with
    Lf -> None
  | Br ((k', v), l, r) ->
      if k = k' then Some v               열쇠 발견 - 값 반환
      else if k < k' then lookup l k      왼쪽 가지 탐색
      else lookup r k                     오른쪽 가지 탐색
```

기존 나무에 새로운 열쇠-값 쌍을 어떻게 삽입할 수 있을까? 문제는 삽입 위치를 찾는 것인데, **lookup** 함수에서 본 것과 동일한 절차를 사용하여 찾는다. 그것은 각 분기점에서 열쇠값을 비교하여 새로운 열쇠값이 작으면 왼쪽, 크면 오른쪽 가지로 이동하며 찾는 절차였다. 이렇게 이동하다가 같은 열쇠값을 보면, 기존의 값을 새로운 값으로 대체한다. 그렇지 않은 경우에는, 잎에 도달하게 되는데, 바로 그 곳이 삽입 위치가 되

는 것이다. 따라서 사전에 없는 열쇠를 삽입하는 경우에는, 새로운 열쇠-값 쌍이 기존 잎의 자리에 추가된다. 이러한 삽입 과정을 구현한 함수 insert가 다음에 있다.

```
insert : (α × β) tree → α → β → (α × β) tree

let rec insert tr k v =
  match tr with
    Lf -> Br ((k, v), Lf, Lf)                     기존 잎의 자리에 추가
  | Br ((k', v'), l, r) ->
      if k = k' then Br ((k, v), l, r)            값 대체
      else if k < k'
          then Br ((k', v'), insert l k v, r)     왼쪽 가지에 삽입
          else Br ((k', v'), l, insert r k v)     오른쪽 가지에 삽입
```

예를 들어, 앞에서 본 이진 검색 나무에 열쇠 0의 값 "zero"를 삽입한다면, 다음과 같은 결과를 얻게 될 것이다.

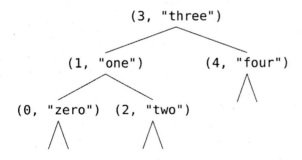

나무 모양은 열쇠-값 쌍의 삽입 순서에 따라 달라진다. 열쇠-값 쌍이 정순(in order) 또는 역순(reverse order)으로 정렬되어 있다고 하자. 만약 정렬된 순서대로 열쇠-값 쌍을 나무에 삽입한다면 오히려 탐색에 비효율적인 나무가 구성된다. 이렇게 되면 사실 띠

로 만든 사전보다 더 좋아지지 않게 되어 버리는 것이다. 그러나 대개의 경우 상당히 균형 잡힌 나무를 구성하게 되는바, 탐색 시간과 삽입 시간도 log_2(사전의 항목 수)에 비례하는 값으로 나타난다.

띠와 나무는 자료구조의 예이다. 해법(algorithm, 알고리즘) 설계와 자료구조는 밀접하게 연관되어 있다. 이러한 사실은, 앞에서 살펴보았지만, 재귀 함수 정의가 재귀 유형 정의의 모습을 모방한다는 것에서 단편적으로나마 확인할 수 있다.

📋 연습문제

1. $\alpha \rightarrow \alpha$ tree $\rightarrow$ bool 유형의 함수를 작성하여 주어진 정보 요소가 나무에 있는지 확인하라.

2. 주어진 나무를 좌우로 뒤집되, 종이에 그려진 경우 거울에 반사된 것처럼 보이도록 하는 함수를 작성하라.

3. 정보 요소의 실제 값에 관계없이 두 나무의 모양이 같은지 확인하는 함수를 작성하라.

4. tree_of_list 함수를 작성하라. 이는 띠로 구현한 사전을 나무로 구현한 사전으로 변환하는 함수이다.

5. 나무로 구현된 두 사전을 하나로 결합하는 함수를 작성하라. 열쇠값이 같아서 충돌하는 경우, 첫 번째 사전의 값을 택한다.

6. 이진 나무는 각 분기점에서 매번 정확히 둘로 분기하는 자료구조이다. 혹시 분기 수가 가변적인 나무 유형을 정의할 수 있을까? 분기 수가 고정된 대신 각 분기점에서 0개 이상으로 서로 다르게도 분기할 수 있는 새로운 유형의 나무를 고안하라. 앞에서 공부한 size, total, 그리고 map과 같은 간단한 함수를 새로운 유형의 나무를 대상으로 작성해 보라.

복습

1 정수는 min_int ... -3 -2 -1 0 1 2 3 ... max_int까지의 수이고 그 유형은 int이다. 부울값은 true 및 false이고 그 유형은 bool이다. 문자는 'X' 및 '!'와 같은 것으로 그 유형은 char이다.

수학 연산자 + - * / mod는, 정수 두 개를 연산재로 취하고 그 결과치는 새로운 정수이다.

연산자 = < <= > >= <> 등으로 두 값을 비교하고 그 결과치는 true 또는 false가 된다.

조건문 **if** *expression1* **then** *expression2* **else** *expression3*에서, *expression1*은 bool 유형이고, *expression2*와 *expression3*은 서로 동일한 유형이다.

부울 연산자에는 && 및 ||가 있고 이를 적용하여 합성(compound) 부울 표현식을 만들 수 있다.

2 표현식의 평가치에 이름을 부여하는 데 **let** *name* = *expression* 구문을 사용한다. 합성 표현식(compound expression)을 작성하는 데에는 **let** *name1* = *expression1* **in** **let** *name2* = *expression2* **in** ... 구문을 사용한다.

함수는 **let** *name argument1 argument2* ... = *expression* 형식으로 정의한다. 이러한 함수의 유형은 $\alpha \rightarrow \beta$, $\alpha \rightarrow \beta \rightarrow \gamma$ 또는 ... 등으로 규정되는데, 여기에서 α, β, γ, ... 등도 각각 유형이다.

재귀 함수도 같은 방식으로 정의하지만 let 대신 let rec를 사용한다.

3 문양 어울림 구문 구조의 일반형은, **match** *expression1* **with** *pattern1* | ... -> *expression2* | *pattern2* | ... -> *expression3* | ...이다. 이 구조 안에서 *pattern$_i$* | ... -> *expression$_{i+1}$* 형식의 표현식을 볼 수 있는데, 이 경우의 세로대(|, vertical bar)는 문양을 합성하는 문양 연산자이다. 표현식 *expression2*, *expression3*, ... 등은 서로 같은 유형이어야 한다. 이것이 표현식 **match** ... **with** ... 전체의 유형이 된다.

4 띠는 같은 유형의 0개 이상의 요소가 순서 있게 나열된 모임이다. 이는 대괄호 사이에서 요소들을 쌍반점으로 구분하여 [1; 2; 3; 4; 5]와 같이 표기한다. 비어 있는 띠가 아니라면, 띠에는 첫 번째 요소인 머리와 머리를 제외한 나머지 요소로 구성된 꼬리가 있는데, 꼬리 또한 띠이다.

"cons" 연산자 ::는 기존 띠 앞에 단일 요소를 추가하는 데 사용한다. "append" 연산자 @는 두 띠를 이어 붙이는 데 사용한다.

문양 어울림에 띠와 함께 "cons" 연산자 ::를 사용할 수도 있는데, 띠의 길이가 0, 1, ... 등인지 확인하거나 띠에 특정 내용이 있는지를 분별하는 데 활용한다.

5 문양 어울림에 한 번에 둘 이상을 고려하는 경우에는, 다음과 같이 고려 대상을 쉼표로 구분하여 사례를 표현한다. **match a, b with 0, 0 ->** *expression1* **| x, y ->** *expression2* **| ...**

6 무명 함수는 **fun** *name* **->** *expression*의 형식으로 정의한다. 연산자는 (<=) 또는 (+)와 같이 여백을 둔 괄호로 묶어 표기하여, 함수가 나타나야 하는 자리에 대신 쓸 수 있다.

7 예외는 **exception** *name*으로 정의한다. 예외가 수반하는 정보의 유형은 **of** *type* 부속 문구로 명시할 수 있다. **raise**로 예외를 발동시킨다. 예외 처리기는 **try ... with ...** 구문으로 작성한다.

8 정보 짝은 유한개의 요소를 (a, b), (a, b, c) 등과 같이 결합하는 구조로서 그 유형이 각각 $\alpha \times \beta$, $\alpha \times \beta \times \gamma$ 등이다.

9 함수의 부분 적용이란, 전체 인수가 아닌 일부 인수에만 값을 적용함을 뜻한다. 연산자에서 생성한 함수에 부분 적용을 시행할 수 있다.

10 새로운 유형의 정의는 **type** *name* = *constructor1* **of** *type1* | *constructor2* **of** *type2* | ...의 형식을 따른다. 문양 어울림도 내장 유형에 그랬던 것처럼 자작 유형에 동등하게 적용할 수 있다. 유형을 다형적이 되게 하려면 유형 변수를 정의에 포함시킨다.

11 문자열은 큰따옴표로 묶은 일련의 문자들인데, 그 유형은 **string**이다.

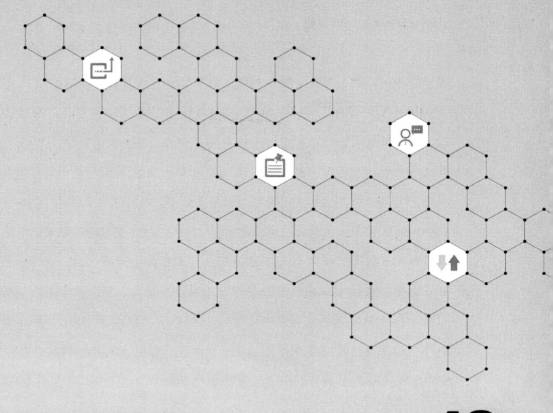

CHAPTER **12**

입출력

지금까지는 함수(실제로는 함수 여럿으로 구성된 전체 프로그램)라는 것이, 상당한 양의 자료를 받아들여서 계산을 한 다음, 결과를 생성해 내는 존재라고 생각했었다. 이러한 가정하에 깔끔하고 쉽게 이해할 수 있는 프로그램을 작성할 수 있었다.

그러나 일부 컴퓨터 프로그램 또는 어떤 함수는 모든 자료가 준비되지 않은 상태로 시작한다. 필요한 자료는 사용자가 대화형으로 공급하거나 프로그램이 인터넷에서 자료를 가져오거나 둘 이상의 프로그램이 실시간으로 서로 통신하여 확보할 수도 있다.

이제부터 논의할 것은 입력 자료를 필요시 확보하는 그런 프로그램의 작성법이다. 요구불(要求拂, on-demand) 자료 문제의 소지를 가급적 프로그램의 최소 영역에 국한시켜 얻는 실익에 정통해 있으면서 말이다. 이렇게 하는 것은, 상호 작용의 영향과 범위가 의외로 추론해 내기 어려운 것으로 밝혀졌기 때문인데, 추론의 곤란함은 초기 인수만으로는 더 이상 함숫값을 결정할 수 없게 되는 데 기인한다.

화면 출력

오캐믈에는 다음과 같은, 화면에 정수를 인쇄하는 내장 함수 print_int가 있다.

OCaml

```
# print_int 100;;
100- : unit = ()
```

이 함수의 유형은 무엇일까? 우선, 인수가 정수인 함수이다. 정수를 화면에 인쇄한 다음에는, 무엇인가(?)를 반환한다. 그것은, *아무것도 아닌 것 (nothing, 헛것)*이었다! 오캐믈에는 헛것을 나타내는 특수한 유형 unit가 있다. 헛것은 unit 유형에 속하는 것으로 유일한데, ()로 표현하고 "unit"라고 부른다. 따라서 `print_int` 함수의 유형은 int → unit이다.

문자열을 인쇄할 때는 string → unit 유형의 또 다른 내장 함수 `print_string`을 사용하고, 행을 바꾸어 출력하고자 할 때는 또 다른 `print_newline` 함수를 쓴다. 이 새 줄(newline, 개행) 함수는 유형이 unit → unit이다. 그 이유는 실질적인 인수가 필요 없고 유용한 결과를 생성하지 않기 때문이다. 함수를 통하여 얻고자 하는 것이, 함숫 값이 아니라, 오로지 "행 바꿈"이라는 함수 실행의 "부작용(side-effect)"인 것이다.

쌍반점(semicolon, ;)을 사용하여 여러 가지 부작용을 하나씩 발생시킬 수 있다. 표 현식 열(sequence)이라는 합성 표현식은, 일련의 표현식을 쌍반점 연산자로 연결하여 구성한다. 표현식 열을 활용하면 여러 가지 부작용을 하나씩 발생시킬 수 있다. 표현 식 열 x ; y의 평가 순서를 살펴보자. 먼저 쌍반점 ; 왼쪽의 표현식을 평가하고, 그 결 과를 버린다. 어차피 결과가 보통은 유형이 unit이기 때문에 버린다. 그 다음, 오른쪽 표현식을 평가하고 그 결과를 반환한다. 이 또한 종종 그 유형이 unit이기도 하다. 따 라서 표현식 열 x ; y의 유형은, 평가 순서에 입각하여, y의 유형으로 정해진다. 예를 들어, 다음과 같이 화면에 int × string 쌍을 쓸 함수를 작성할 수 있다. 출력 방식은, 한 줄에 정수를 쓰고 다음 줄에 문자열을 쓴다.

```
print_dict_entry : int × string → unit

let print_dict_entry (k, v) =
  print_int k ; print_newline () ; print_string v ; print_newline ()
```

유의할 사항은, print_newline을 마지막에 다시 두 번째로 호출한 것인데, 이렇게 함
으로써 print_newline을 중간중간 호출하지 않고 print_dict_entry 함수만을 여러
번 연속해서 호출할 수 있게 되었다. 쌍반점은 약간 산술 연산자처럼 작동한다. 이를
강조하기 위해 함수 호출을 가급적 길게 한 줄로 나열해 보았다. 그러나 편의상 보통
은 다음과 같이 작성한다.

```
print_dict_entry : int × string → unit

let print_dict_entry (k, v) =
  print_int k;
  print_newline ();
  print_string v;
  print_newline ()
```

이렇게 써 놓으면, 쌍반점이 각 표현식을 끝에서 마침표의 역할을 하는 것처럼 보이게
된다. 하지만 쌍반점은 산술 연산자와 비슷한 구석이 있다는 것을 유념하자. 이와 관
련하여 눈여겨볼 만한 것은, 마지막 print_newline () 뒤에 쌍반점이 없다는 것이다.
이제 print_dict_entry 함수를 실제로 어떻게 사용하는지 보기로 한다.

```
        OCaml

# print_dict_entry (1, "one");;
1
one
- : unit = ()
```

기재 항목은 이렇게 인쇄한다고 했을 때, 사전 전체는 어떻게 인쇄할 수 있을까? 사전은 기재 항목이 열쇠-값으로 이루어진 정보 쌍의 띠로 표현되었다고 가정한다. 우선은 다음과 같이, 자작 함수로 모든 기재 항목을 반복 처리하는 것을 생각할 수 있겠다.

```
print_dict : (int × string) list → unit

let rec print_dict d =
  match d with
    [] -> ()                              아무 일도 하지 않고 그냥 헛것을 반환한다.
  | h::t -> print_dict_entry h; print_dict t        기재 항목 인쇄 후,
                                                    나머지를 계속 처리한다.
```

고무적인 것은, 앞의 반복 처리법에서 보다 일반적인 해법을 끌어낼 수 있다는 사실이다. 그 해법은 다음과 같이, 띠의 각 요소에 대해 주어진 작업을 반복해서 수행하는 방법이다.

```
iter : (α → β) → α list → unit

let rec iter f l =
  match l with
    [] -> ()                              아무 일도 하지 않고 그냥 헛것을 반환한다.
  | h::t -> f h; iter f t                         요소 처리 작업 후,
                                                  나머지를 계속 처리한다.
```

일반적으로 β는 unit이다. 이제 iter를 활용하여 다음과 같이 print_dict를 재정의할 수 있다.

```
print_dict : (int × string) list → unit

let print_dict d =
    iter print_dict_entry d
```

또는 다음과 같게도 할 수 있다.

```
let print_dict =
    iter print_dict_entry
```

이제 iter로 새롭게 정의한 print_dict의 실행 예를 보자.

OCaml

```
# print_dict [(1, "one"); (2, "two"); (3, "three")];;
1
one
2
two
3
three
- : unit = ()
```

자판 입력

이제부터 작성하려는 함수는, 열쇠-값 형태의 사전 기재 항목을 읽어서 (int × string) list 유형의 사전을 구축하는 read_dict 함수이다. 여기에 두 개의 오캐믈 내장 함수를 활용할 것이다. read_int 함수는, 유형이 unit → int인 함수인데, 실행시키면 사용자가 정수를 입력하고 ⌤ 글쇠를 누를 때까지 기다린다. 정수를 타자하고 ⌤를 누르면 타자한 정수를 반환한다. 이와 함께 read_line 함수는 유형이 unit → string인 함수인데, 사용자가 임의의 문자열을 입력하고 ⌤ 글쇠를 누를 때까지 기다린다. 문자열을 타자하고 ⌤를 누르면 타자한 문자열을 반환한다.

원하는 바는, 사용자가 일련의 열쇠-값 쌍, 즉 정수-문자열 쌍을 입력하되, 정수 또는 문자열을 한 줄에 하나씩 입력하는 것이다. 입력할 것이 더 이상 없을 때는, 자료 소진을 표시하는 0을 입력한다. 정상적인 경우, 0이 입력되는 시점은 순서로 보아 문자열이 아닌 정수가 입력되는 때이다. read_dict 함수는 인수를 취하지 않고 정수-문자열 쌍으로 이루어진 사전을 반환하므로, 그 유형이 unit → (int × string) list이다.

```
read_dict : unit → (int × string) list

let rec read_dict () =
  let i = read_int () in              "열쇠"를 읽어 들인다.
    if i = 0 then [] else         입력이 소진되었다면 사전을 마감한다.
      let name = read_line () in    그렇지 않으면 "값"을 읽어 들인다.
        (i, name) :: read_dict ()          기재 항목을 등록하고
                                          나머지를 계속 처리한다.
```

다음과 같이, 이 함수를 실행해서 적절한 값을 입력해 볼 수 있겠다.

```
        OCaml

# read_dict ();;
1
oak
2
```

```
ash
3
elm
0
- : (int * string) list = [(1, "oak"); (2, "ash"); (3, "elm")]
```

그런데 생각해 볼 문제가 있다. 순서로 보아, 정수를 입력해야 할 때, 정수가 아닌 것을 입력하면 어떻게 될까? 다음 실행 예를 보자.

OCaml

```
# read_dict ();;
1
oak
ash
Exception: Failure "int_of_string".
```

이러한 경우에는, 예외를 처리하고 사용자에게 올바른 자료를 다시 입력하도록 요청해야 한다. 수정된 함수는 다음과 같다.

---

read_dict : unit → (int × string) list

```
let rec read_dict () =
  try
    let i = read_int () in                  "열쇠"를 읽어 들인다.
      if i = 0 then [] else       입력이 소진되었다면 사전을 마감한다.
        let name = read_line () in   그렇지 않으면 "값"을 읽어 들인다.
          (i, name) :: read_dict ()          기재 항목을 등록하고
                                              나머지를 계속 처리한다.
```

```
    with
        Failure "int_of_string" ->
            print_string "This is not a valid integer. \
                            Please try again.";
            print_newline ();
            read_dict ()
```

이제 다음과 같이 입력 실수를 대화식으로 수정할 수 있게 되었다.

```
        OCaml
```

```
# read_dict ();;
1
oak
ash
This is not a valid integer. Please try again.
2
ash
3
elm
0
- : (int * string) list = [(1, "oak"); (2, "ash"); (3, "elm")]
```

장부 활용

사전 기재 항목들을 매번 새롭게 입력해야 한다는 것은 매우 성가신 일이다. 이에 사전을 외부 장부(file, 파일)에 저장하고, 그런 다음 다시 읽어 들이는 함수를 작성하겠다.

오캐믈에는 몇 가지 기본 함수가 있는데, 장부와 같은 자료를 저장할 수 있는 장치를 대상으로 입출력을 할 수 있게 한다. "읽어 들일" 수 있는 매체(channel, 채널)는 유형이 in_channel이고, "써 낼" 수 있는 매체는 유형이 out_channel이다. 다음은 dictionary_to_channel 함수인데, (int × string) list 유형의 사전을 "써 낼" 수 있는 매체에 출력하는 함수이다. 장부도 이러한 매체의 일종이다.

```
entry_to_channel : out_channel → (int × string) → unit
dictionary_to_channel : out_channel → (int × string) list → unit

let entry_to_channel ch (k, v) =
    output_string ch (string_of_int k);
    output_char ch '\n';
    output_string ch v;
    output_char ch '\n'

let dictionary_to_channel ch d =
    iter (entry_to_channel ch) d
```

"써 낼" 수 있는 매체에 출력할 때에도, output_string 및 output_char 함수를 사용하여 자료를 화면에 보일 때 사용한 것과 같은 형식으로 자료를 인쇄한다. 정수를 출력할 output_int 함수가 없으므로, 내장 함수 string_of_int를 통하여 정수를 문자열로 변환한 다음, output_string으로 출력하였다. 문자 '\n'은 "새 줄", "줄 바꿈" 즉 개행을 나타내는 특수 문자이다. 참고로, output_newline과 같은 함수는 없다.

　"읽어 들일" 수 있는 매체 또는 "써 낼" 수 있는 매체는 어떻게 확보할까? open_out 함수는 주어진 장부 이름으로 명명된 출력 매체(output channel)를 반환한다. 장부 이름은 문자열로 명시한다. 따라서 open_out 함수의 유형은 string → out_channel이다. 보관할 내용을 장부에 모두 출력하여 기록한 후에는, 종이로 된 회계 장부의 경우와 마찬가지로, 장부를 올바르게 닫아야 한다. 이 작업을 수행하기 위하여 out_channel → unit 유형의 close_out 함수를 호출한다.

```
dictionary_to_file : string → (int × string) list → unit

let dictionary_to_file filename dict =
    let ch = open_out filename in
        dictionary_to_channel ch dict;
        close_out ch
```

함수 dictionary_to_file을 실행 한 후에는, 지정한 장부 이름이 붙은 컴퓨터 장부가, 오캐믈을 실행하고 있는 자료방(folder, 폴더)에 새로 생겼음을 알 수 있다. 새 장부가 어디에 생겼는지 확실하지 않으면, 사용 중인 오캐믈에 대한 구현 설명서를 참조하거나, 운영체제에 따라 "C:\file.txt" 또는 "/home/yourname/file.txt"와 같이 절대경로로 출력 장부를 다시 지정하면 된다. 다음 실행 예는 dictionary_to_file 함수를 실행하여 사용자로부터 사전을 읽어서 file.txt라는 장부에 수록하는 것을 보인다.

OCaml

```
# dictionary_to_file "file.txt" (read_dict ());;
1
oak
2
ash
3
elm
0
- : unit
```

이제 장부를 작성했으니 다시 읽어 들일 수 있겠다. 다음 함수를 보자.

```
entry_of_channel : in_channel → (int × string)
dictionary_of_channel : in_channel → (int × string) list

let entry_of_channel ch =
   let number = input_line ch in
      let name = input_line ch in
         (int_of_string number, name)

let rec dictionary_of_channel ch =
   try
      let e = entry_of_channel ch in
         e :: dictionary_of_channel ch
   with
      End_of_file -> []
```

함수 entry_of_channel은, 내장 함수 input_line 및 int_of_string을 사용하여 입력 매체에서 정수-문자열 쌍, 즉 사전 기재 항목 하나를 읽어 들이도록 작성하였다. dictionary_of_channel 함수는, entry_of_channel 함수를 사용하여 사전 기재 항목을 재귀적으로 모두 읽어 들여 사전을 구축한다. 또한 내장 예외 End_of_file을 활용하여, 장부에 사전 기재 항목이 더 이상 없는 상태를 감지한다. 이제, 장부에서 사전을 읽어 들이는 주 함수(main function) dictionary_of_file을 구축할 수 있다.

```
dictionary_of_file : string → (int × string) list

let dictionary_of_file filename =
    let ch = open_in filename in
        let dict = dictionary_of_channel ch in
            close_in ch;
            dict
```

처리 과정은 dictionary_to_file과 동일하지만 open_out 및 close_out 대신 open_in 및 close_in을 사용하였다.

OCaml

```
# dictionary_of_file "file.txt";;
- : (int * string) list = [(1, "oak"); (2, "ash"); (3, "elm")]
```

함수 요약

이 장에서는 새로운 유형으로서 unit, in_channel 및 out_channel 등을 소개하였다. 이와 함께 내장 예외 End_of_file을 도입하였다. 지금까지 사용한 함수를 다음 표에 정리해 두었다.

함수	유형	설명
print_int	int → unit	정수를 화면에 인쇄하라.
print_string	string → unit	문자열을 화면에 인쇄하라.
print_newline	unit → unit	다음 줄의 시작 부분으로 이동하여 새 줄 문자를 화면에 인쇄하라.
read_line	unit → string	사용자로부터 문자열을 읽는다. 사용자는 Enter를 눌러 완료했음을 나타낸다.
read_int	unit → int	사용자로부터 정수를 읽는다. 사용자는 Enter를 눌러 완료했음을 나타낸다. 사용자가 정수 이외의 것을 입력하면 예외 문구 Failure "int_of_string"가 출력된다.
int_of_string	string → int	문자열을 정수로 변환한다. 문자열이 올바른 정수 표현이 아니라면 예외 문구 Failure "int_of_string"가 출력된다.
string_of_int	int → string	정수를 문자열로 변환한다.
open_out	string → out_channel	주어진 장부 이름으로 출력할 매체를 연다. 매체를 열 수 없는 경우 Sys_error 예외가 발동된다.
close_out	out_channel → unit	출력 매체를 닫는다.
open_in	string → in_channel	주어진 장부 이름으로 입력할 매체를 연다. 매체를 열 수 없는 경우 Sys_error 예외가 발동된다.
close_in	in_channel → unit	입력 매체를 닫는다.
output_string	out_channel → string → unit	출력 매체에 문자열을 쓴다.
output_char	out_channel → char → unit	출력 매체에 문자를 쓴다.

📋 연습문제

1. 정수 띠를 화면에 인쇄하는 함수를 작성하라. 단, 인쇄는 오캐믈 형식으로, 즉 대 괄호와 쌍반점을 사용하여 인쇄해야 한다.

2. 사용자로부터 3개의 정수를 읽고 정보 짝으로 반환하는 함수를 작성하라. 이 과정 에서 어떤 예외가 발동될 수 있을까? 예외를 적절히 처리할 수 있게 구현하라.

3. read_dict 함수를 보면, 입력할 자료가 더 이상 없을 때 사용자가 자료 소진을 표 시하는 0을 입력하도록 하였다. 이는 서투른 조치이다. 돌발적인 예외 발생에 대 비하면서, 좀 더 세련된 방식으로 read_dict 함수를 새롭게 구현하라.

4. 정수 x와 장부 이름이 주어지면 "x-배수" 표를 장부에 출력하는 함수 table을 작 성하라. 예를 들어, table "table.txt" 5라고 함수를 실행하면, 다음과 같은 내용을 포함하는 table.txt 장부를 생성해야 한다. 참고로, 각 정수 뒤에 작표(tabulation)용 특수 문자 '\t'를 추가하여 인쇄하면 열이 정렬된다.

1	2	3	4	5
2	4	6	8	10
3	6	9	12	15
4	8	12	16	20
5	10	15	20	25

5. 주어진 장부의 줄 수를 세는 함수를 작성하라.

6. 파일을 한 줄씩 복사하는 string → string → unit 유형의 copy_file 함수를 작성하라. 예를 들어, copy_file "a.txt" "b.txt"라고 함수를 실행하면, a.txt와 동일한 b.txt 장부를 생성해야 한다. 이와 함께 예외 처리 방안을 반드시 수립하여, 장부 a.txt를 찾을 수 없거나, 또는 장부 b.txt를 만들 수 없거나 처리하는 도중에 자료를 채울 수 없는 경우가 발생하더라도 함수가 정상적으로 실행되게 해야 한다.

⟲ 복습

1 정수는 min_int ... -3 -2 -1 0 1 2 3 ... max_int까지의 수이고 그 유형은 int이다. 부울값은 true 및 false이고 그 유형은 bool이다. 문자는 'X' 및 '!'와 같은 것으로 그 유형은 char이다.

수학 연산자 + - * / mod는, 정수 두 개를 연산재로 취하고 그 결과치는 새로운 정수이다.

연산자 = < <= > >= <> 등으로 두 값을 비교하고 그 결과치는 true 또는 false가 된다.

조건문 **if** *expression1* **then** *expression2* **else** *expression3*에서, *expression1*은 bool 유형이고, *expression2*와 *expression3*은 서로 동일한 유형이다.

부울 연산자에는 && 및 ||가 있고 이를 적용하여 합성(compound) 부울 표현식을 만들 수 있다.

2 표현식의 평가치에 이름을 부여하는 데 **let** *name* = *expression* 구문을 사용한다. 합성 표현식(compound expression)을 작성하는 데에는 **let** *name1* = *expression1* **in** **let** *name2* = *expression2* **in** ... 구문을 사용한다.

함수는 **let** *name argument1 argument2* ... = *expression* 형식으로 정의한다. 이러한 함수의 유형은 $\alpha \rightarrow \beta$, $\alpha \rightarrow \beta \rightarrow \gamma$ 또는 ... 등으로 규정되는데, 여기에서 α, β, γ, ... 등도 각각 유형이다.

재귀 함수도 같은 방식으로 정의하지만 let 대신 let rec를 사용한다.

3 문양 어울림 구문 구조의 일반형은, **match** *expression1* **with** *pattern1* | ... -> *expression2* | *pattern2* | ... -> *expression3* | ...이다. 이 구조 안에서 *pattern_i* | ... -> *expression_{i+1}* 형식의 표현식을 볼 수 있는데, 이 경우의 세로대(|, vertical bar)는 문양을 합성하는 문양 연산자이다. 표현식 *expression2*, *expression3*, ... 등은 서로 같은 유형이어야 한다. 이것이 표현식 **match** ... **with** ... 전체의 유형이 된다.

4 띠는 같은 유형의 0개 이상의 요소가 순서 있게 나열된 모임이다. 이는 대괄호 사이에서 요소들을 쌍반점으로 구분하여 [1; 2; 3; 4; 5]와 같이 표기한다. 비어 있는 띠가 아니라면, 띠에는 첫 번째 요소인 머리와 머리를 제외한 나머지 요소로 구성된 꼬리가 있는데, 꼬리 또한 띠이다.

"cons" 연산자 ::는 기존 띠 앞에 단일 요소를 추가하는 데 사용한다. "append" 연산자 @는 두 띠를 이어 붙이는 데 사용한다.

문양 어울림에 띠와 함께 "cons" 연산자 ::를 사용할 수도 있는데, 띠의 길이가 0, 1, ... 등인지 확인하거나 띠에 특정 내용이 있는지를 분별하는 데 활용한다.

5 문양 어울림에 한 번에 둘 이상을 고려하는 경우에는, 다음과 같이 고려 대상을 쉼표로 구분하여 사례를 표현한다. `match a, b with 0, 0 -> ` *expression1* ` | x, y -> ` *expression2* ` | ...`

6 무명 함수는 `fun ` *name* ` -> ` *expression*의 형식으로 정의한다. 연산자는 (<=) 또는 (+)와 같이 여백을 둔 괄호로 묶어 표기하여, 함수가 나타나야 하는 자리에 대신 쓸 수 있다.

7 예외는 **exception** *name*으로 정의한다. 예외가 수반하는 정보의 유형은 **of** *type* 부속 문구로 명시할 수 있다. **raise**로 예외를 발동시킨다. 예외 처리기는 **try** ... **with** ... 구문으로 작성한다.

8 정보 짝은 유한개의 요소를 (a, b), (a, b, c) 등과 같이 결합하는 구조로서 그 유형이 각각 $\alpha \times \beta$, $\alpha \times \beta \times \gamma$ 등이다.

9 함수의 부분 적용이란, 전체 인수가 아닌 일부 인수에만 값을 적용함을 뜻한다. 연산자에서 생성한 함수에 부분 적용을 시행할 수 있다.

10 새로운 유형의 정의는 **type** *name = constructor1* **of** *type1* | *constructor2* **of** *type2* | ...의 형식을 따른다. 문양 어울림도 내장 유형에 그랬던 것처럼 자작 유형에 동등하게 적용할 수 있다. 유형을 다형적이 되게 하려면 유형 변수를 정의에 포함시킨다.

11 문자열은 큰따옴표로 묶은 일련의 문자들인데, 그 유형은 string이다.

12 헛것은 unit 유형에 속하는 것으로 유일한데, 그 값을 ()로 표현한다. 입력 매체의 유형은 in_channel이고, 출력 매체의 유형은 out_channel이다. 입력 및 출력 매체에 대하여 각각 입출력 작업을 수행할 내장 함수가 준비되어 있다.

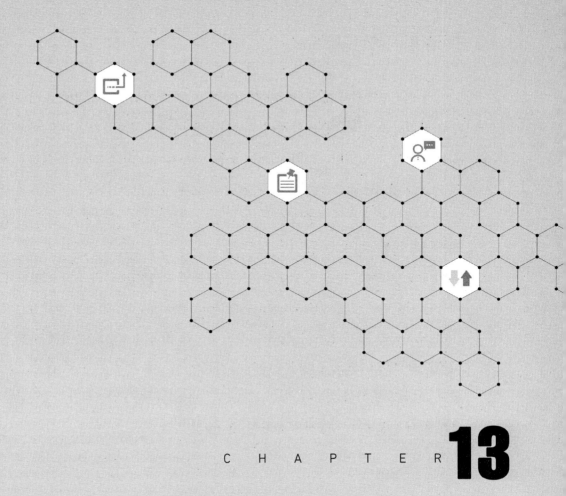

자료함 인용자

지금까지는 부작용이 없는 "순수한" 함수와, 입출력 작업이 부작용으로 나타나는 함수를 살펴보았다. 부작용을 통하여 장부와 같은 매체에 정보를 쓰거나 또 매체에 있는 정보를 읽을 수 있었다. 오캐믈에서는 보통, 이름(name)에 값(value)을 할당한 후에는 그 이름에 부여한 값을 전혀 바꿀 수 없다. 그런데 사실은, 이름에 부여된 값을 변경하는 것이 편리한 경우가 종종 있다. 어떤 해법은 이름의 값을 변경할 수 있을 때 보다 자연스럽게 표현되기도 한다.

이에 오캐믈에는 값을 저장할 수 있는 상자, 즉 자료함(box) 구조가 마련되어 있다. 사용할 자료함은 *인용자*(*reference*, *引用子*)로 가리켜 쓴다. 지정된 자료함은 인용함(引用函)이라고 부른다. 인용함에 저장된 값, 즉 인용치(引用値)는 인용자를 통하여 "간접적(indirect)"으로 구한다. 인용자를 새로 하나 만들려면 $\alpha \rightarrow \alpha$ ref 유형의 내장 함수 ref를 호출하여 얻는다. 예를 들어 초기 내용, 즉 초기 인용치가 0인 인용함을 인용자로 지정해 보자. 인용자의 유형은 int ref가 된다.

```
        OCaml
```

```
# let x = ref 0;;
val x : int ref = {contents = 0}
```

오캐믈이 출력한 바는, x가 현재 내용이 0인 인용함을 가리키는 인용자로서 그 유형이 int ref라는 말이다. 인용함의 현재 내용, 즉 인용치는, 다음과 같이 α ref $\rightarrow \alpha$ 유형의 연산자 !를 인용자에 적용하여 인용함에서 복사해 낼 수 있다.

```
# let p = !x;;
val p : int = 0
```

연산자 :=를 사용하여 인용함 내용을 변경할 수 있다.

```
# x := 50;;
- : unit = ()
```

연산자 :=의 유형은 α ref → α → unit이다. 그 이유는 인수 두 개, 즉 인용자와 인용
자가 가리키는 인용함에 넣을 새로운 값을 받아서 그 값을 인용함에 넣지만 아무것도
반환하지 않기 때문이다. 연산자 :=의 유용성은 부작용에만 있다. 즉, 연산자 :=는 반
환값을 얻기 위해 쓰는 것이 아니라 부작용을 일으키기 위해서 쓰는 것이다. 이제는
연산자 !로 인용함 내용을 다시 얻을 수 있다.

```
# let q = !x;;
val q : int = 50
# p;;
- : int = 0
```

유의할 사항은, p 값이 변하지 않았다는 것이다. 다음은 두 인용함의 내용을 교환하는
(swap) 함수이다.

```
swap : α ref → α ref → unit

let swap a b =
   let t = !a in
      a := !b; b := t
```

인용자 a가 가리키는 인용함의 내용을 저장하기 위해 임시 이름 t를 사용해야 했었다.
그 이유를 말할 수 있을까?

이러한 유형의 프로그램 작성 방식을 *명령형 프로그래밍*(*imperative programming*) 방식이라고 하는데, 순서에 따라 여러 가지 명령(command)을 내리는 것으로 구성된다. 즉, 어떤 인용함을 변경해야 하는지, 그리고 어떤 방법으로 변경해야 하는지에 대해 명령하는 프로그래밍 방식이다. 오캐믈에는 인용함을 쓰는 명령형 프로그래밍에 유용한 구조가 있다. 이제 그 구조를 잠깐 살펴본 다음, 곧 더 큰 예제 프로그램을 만들면서 그것들의 유용성을 확인할 것이다.

오캐믈에서는 가독성을 위해 `if ... then ... else ...` 구문의 `else` 구절의 내용이 오로지 ()일 경우, `else` 조건부를 생략할 수 있다. 즉, `else` 조건이 성립하는 경우에 "아무것도 하지 않는다"면 `else` 조건부를 뺄 수 있는 말이다. 따라서 다음 표현식을 바꾸어 쓸 수 있다.

```
if x = 0 then a := 0 else ()
```

다음 표현식은 `else` 조건부를 생략하여 바꾸어 쓴 것이다.

```
if x = 0 then a := 0
```

이렇게 하더라도, x가 0이 아니면 생략한 부분이 있는 것처럼 표현식은 ()로 평가된다. 한편, `if ... then ... else ...` 구문에서 `else` 조건부를 생략할 수도 있게 되었기 때문에, `if` 구문 구조 안에 명령형 영렬(슈列, code, 코드)을 넣을 때는, 다음 예와 같이 안쪽에 위치한 명령형 표현식은 괄호로 묶어야 `if` 구문의 의미가 모호하지 않게 된다.

```
if x = y then
   (a := !a + 1;
    b := !b - 1)
else
   c := !c + 1
```

이러한 괄호 대신 다음과 같이 **begin ... end** 구문을 사용할 수도 있다. 오캐믈 프로그램의 가독성을 증진시키는 데 이 구문을 적절히 활용한다.

```
if x = y then
   begin
      a := !a + 1;
      b := !b - 1
   end
else
   c := !c + 1
```

반복 처리

작업을 반복해서 수행하고자 할 때 쓸 수 있는 두 가지 방법이 있다. "횟수" 또는 "조건"을 근거로 반복 여부를 결정하는 방식이다. 작업을 여러 번 주어진 "횟수"만큼 반복 실행시키는 것을, **for ... = ... to ... do ... done** 구문으로 표현한다. 예를 들어, 다음 표현식은

```
for x = 1 to 5 do print_int x; print_newline () done
```

표현식 print_int x; print_newline ()를 다섯 번 평가한다. x가 1일 때 한 번, x가 2일 때도 한 번 ... 등. 따라서 평가 결과는 다음과 같다.

```
# for x = 1 to 5 do print_int x; print_newline () done;;
1
2
3
4
5
- : unit = ()
```

이것을 "**for** 되돌이(loop)"라고 부른다. 유의할 사항은, 전체 표현식 **for ... = ... to ... do ... done**의 유형이 내부 표현식의 유형과 무관하게 **unit**라는 것이다.

또 다른 되돌이 구조가 있다. 이번에는 주어진 "조건"이 성립하는 동안 어떤 표현식을 반복적으로 평가한다. 이것은 **while ... do ... done** 구문으로 표현한다. 이 구조에서는 부울 조건(boolean condition)을 사용하고 부울 조건이 false가 될 때까지 주어진 표현식을 0회 이상 반복해서 평가한다. 부울 조건이 false가 되면, 즉 부울 조건이 성립하지 않으면 다음 반복 과정을 진행하지 않는 것이다. 예를 들어, 다음 함수를 보자. smallest_pow2는 양의 정수가 주어지면 그 수 이상의 2의 거듭제곱 수 중에서 최소치를 계산한다. 즉, 37에 대한 함숫값은 64이다.

```
smallest_pow2 : int → int

let smallest_pow2 x =
   let t = ref 1 in            임시 결과치를 1에서 시작한다.
      while !t < x do          임시 결과치가 x보다 작을 때마다
```

```
       t := !t * 2                              임시 결과치에 2를 곱한다.
   done;
       !t                                       임시 결과치를 최종 결과치로 반환한다.
```

"**while** 되돌이(loop)"는 인용자 t가 가리키는 인용함의 내용이 x보다 같거나 크게 될 때까지 반복 실행된다. 처음으로 조건이 충족되는 때, 즉 같거나 크게 되는 최초의 경우, "**while** 되돌이"는 종료되고, 인용자 t가 가리키는 인용함의 내용이 함숫값으로 반환된다. 또 다시 유의할 것은, 전체 표현식 **while ... do ... done**의 유형도 표현식 **for ... = ... to ... do ... done**의 경우와 마찬가지로 내부 표현식의 유형과 무관하게 unit라는 것이다.

활용 예: 문서 통계량

여기에서는 문서 분석용 프로그램을 작성하려고 한다. 원문이 주어지면 단어, 문장 및 행의 개수를 알아낼 것이다. 처리할 원문은, 프란츠 카프카(Franz Kafka)의 소설 "변신(Die Verwandlung)"을 데이비드 와일리(David Wyllie)가 영어로 번역한 "Metamorphosis"의 시작 단락이다.

```
One morning, when Gregor Samsa woke from troubled dreams, he found
himself transformed in his bed into a horrible vermin. He lay on
his armour-like back, and if he lifted his head a little he could
see his brown belly, slightly domed and divided by arches into stiff
sections. The bedding was hardly able to cover it and seemed ready
to slide off any moment. His many legs, pitifully thin compared
with the size of the rest of him, waved about helplessly as he
looked.
```

단락에서 각 줄 끝에는, 보이지 않는 새줄 문자가 있는데, 나중에 필요한 것이니 그냥 둔다. 이 글을, 글 장부(텍스트 파일, text file)에 잘라 붙여 넣거나 또는 타자로 직접 입력한 다음, 예제 함수를 시험해 볼 수 있겠다. 여기에서는 글 장부 이름을 gregor.txt 로 정한다.

문서 통계량 중에서, 행의 개수를 먼저 알아보겠다. 이를 위해 channel_statistics 함수를 작성할 것이다. 이 함수는 입력 매체를 읽어서 통계 자료를 수집한 다음, 처리 과정을 거친 후, 통계치를 인쇄한다. 이렇게 되면, channel_statistics 함수를 구동하는 file_statistics 함수가 있어야 한다. 이 함수는 장부 이름을 인수로 받아서 글 장부를 열고 channel_statistics 함수를 호출하여 통계치를 구하여 인쇄한 후, 글 장부를 원래대로 닫는다.

```
channel_statistics : in_channel → unit
file_statistics : string → unit

let channel_statistics in_channel =
    let lines = ref 0 in
      try
          while true do
            let line = input_line in_channel in
                lines := !lines + 1
          done
      with
          End_of_file ->
            print_string "There were ";
            print_int !lines;
            print_string " lines.";
```

```
          print_newline ()
let file_statistics name =
  let channel = open_in name in
    try
      channel_statistics channel;
      close_in channel
    with
      _ -> close_in channel
```

참고할 만한 것은, **while** 구문의 조건 명시부에 쓴 **true**의 용법이다. 이렇게 표현하면, 계산 과정을 무한 반복 실행시킬 수 있게 된다. 단, 언젠가는 부닥쳐야 할 **End_of_file** 예외 상황이 벌어지기 전까지는 말이다. 추가적인 참고 사항은 오캐믈의 경고에 대한 것인데, channel_statistics 함수 정의를 읽을 때 다음과 같이 발령된다.

```
Warning 26: unused variable line.
```

이것은 무시할 수 있는 경고의 예이다. 그 이유는 행의 내용, 즉 line의 실제 값을 사용하지 않기 때문이다. channel_statistics 함수에서는 통계량 계산을 위해서 행의 내용은 무시하고 행의 개수만 헤아리고 있다. 예제 글 장부를 프로그램에 입력하여 처리하면 다음과 같은 결과를 얻는다.

```
    OCaml

# file_statistics "gregor.txt";;
There were 8 lines.
- : unit = ()
```

이제 프로그램을 확장하여, 단어, 문자 및 문장 개수를 헤아릴 수 있게 하자. 극단적으로 단순화된 가정이지만, 공백의 개수를 세면 단어 개수를 알아낼 수 있고, 문장부호 '.', '!' 및 '?'의 출현 개수를 세면 문장 개수를 알아낼 수 있다고 가정하여 확장된 해법을 강구한다. 결과적으로 channel_statistics 함수를 다음 프로그램에서 보는 바와 같이 적절히 확장하면 될 것이다. file_statistics 함수는 변경할 필요가 없겠다.

channel_statistics 함수의 확장판에서는, **while**문 안에서 내장 함수 String.iter 를 호출하고 있다. 인수가 두 개인 이 내장 함수는, 함수와 문자열을 받아들이는 (**char** → **unit**) → **string** → **unit** 유형의 함수이다. 그 기능은, 인수로 받은 문자열의 각 문자에 인수로 받은 함수를 적용하는 것이다.

앞서 실행해 본 프로그램에서 함수 channel_statistics를 확장판으로 대체하면 예문에 대하여 다음과 같은 실행 결과가 나타난다. 참고로, 오캐믈에 잘라 붙여 넣어 실행해 볼 경우, channel_statistics 함수 다음에 file_statistics 함수도 다시 붙여 넣어야 한다. 그렇게 하여야 file_statistics 함수가 channel_statistics 함수의 확장판을 호출하여 사용할 것이다.

OCaml

```
# file_statistics "gregor.txt";;
There were 8 lines, making up 464 characters with 80 words in 4 sentences.
- : unit = ()
```

```
channel_statistics : in_channel → unit

let channel_statistics in_channel =
    let lines = ref 0 in
    let characters = ref 0 in
```

```
let words = ref 0 in
let sentences = ref 0 in
  try
      while true do
        let line = input_line in_channel in
            lines := !lines + 1;
            characters := !characters + String.length line;
            String.iter
                (fun c ->
                    match c with
                      '.' | '?' | '!' ->
                          sentences := !sentences + 1
                    | ' ' -> words := !words + 1
                    | _ -> ())
                line
      done
  with
      End_of_file ->
        print_string "There were ";
        print_int !lines;
        print_string " lines, making up ";
        print_int !characters;
        print_string " characters with ";
        print_int !words;
        print_string " words in ";
        print_int !sentences;
        print_string " sentences.";
        print_newline ()
```

문자 빈도수

영문자 및 특수문자의 출현 횟수를 헤아려 막대그림표(histogram, 막대그래프)를 작성하고자 한다. 이러한 일을 하는데, 만일 각 문자의 출현 횟수를 수백 개 정도의 인용자를 통하여 관리한다고 하면, 그것은 아마 지루하고 버거운 작업이 될 것이다. 오캐믈에는 이와 같은 상황에 대비하여 배열(array)이라는 자료 유형 **array**가 준비되어 있다.

배열은 요소 모임의 저장소인데, 요소 유형은 모두 같고 요소 개수는 정해진다. 배열을 작성할 때는, 다음과 같이 요소를 쌍반점으로 구분하여 태(太)괄호 [|와 |] 사이에 나열한다.

```
OCaml
```

```
# let a = [|1; 2; 3; 4; 5|];;
val a : int array = [|1; 2; 3; 4; 5|]
```

배열 요소를 입수(access)하는 데 걸리는 시간은 일정한데, 배열 내부의 요소 모두에 대해서 동일하다. 입수하고 싶은 배열 요소를 지정할 때에는, 배열 이름 뒤에 마침표를 찍고 이어서 괄호 안에 넣은 색인 값을 쓴다. 색인 값은 요소의 위치를 지정하는 것으로 *첨자(subscript)*라고도 한다. 다음 예를 보자.

```
# a.(0);;
- : int = 1
```

주의해야 할 사항은, 첫 번째 요소의 첨자가 1이 아니라 0이라는 사실이다. 배열 내부의 요소값도, 어떤 요소라 할지라도 일정한 시간 안에 다음과 같이 갱신할 수 있다. 갱신할 때 사용한 할당 연산자가 "<-"이라는 것에 유의하자.

```
# a.(4) <- 100;;
- : unit = ()
# a;;
a : int array = [|1; 2; 3; 4; 100|]
```

범위 내에 있지 않은 요소를 입수하려 하거나 갱신하려고 하면, 다음과 같이 예외 상
황이 벌어진다.

```
# a.(5);;
Exception: Invalid_argument "index out of bounds".
```

배열을 다루는 데 유용한 내장 함수가 있다. α **array** $\rightarrow$ **int** 유형의 `Array.length` 함
수는 배열의 길이를 반환한다.

```
# Array.length a;;
- : int = 5
```

띠의 길이를 구하는 경우와는 달리, 배열의 길이를 구할 때는 소요되는 시간이 일정하
다. 그 이유는 배열의 경우, 그 길이가 만들 때부터 고정되어 있기 때문이다. 따라서
`Array.length` 함수의 실행 시간은 배열에 무관하게 일정하다. 또 다른 내장 함수로서,
`Array.make` 함수는 주어진 길이의 배열을 만드는 동시에, 주어진 값으로 배열 내용을
초기화시킨다. 인수는 두 개인데, 배열 길이와 모든 배열 요소의 값을 초기화시킬 때
사용할 값이다. 함수의 유형은 **int** $\rightarrow \alpha \rightarrow \alpha$ **array**이다.

```
# Array.make 6 true;;
- : bool array = [|true; true; true; true; true; true|]
# Array.make 10 'A';;
- : char array = [|'A'; 'A'; 'A'; 'A'; 'A'; 'A'; 'A'; 'A'; 'A'; 'A'|]
# Array.make 3 (Array.make 3 5);;
- : int array array = [|[|5; 5; 5|]; [|5; 5; 5|]; [|5; 5; 5|]|]
```

빈도수 막대그림표를 작성하는 원래 문제로 돌아가자. 먼저, 각 문자별로 누산기를 설치하여 출현 횟수를 저장해야 한다. 누산기는 배열로 구현할 수 있겠다. 그런데 배열 요소를 구별하는 첨자에 문자를 직접 사용할 수는 없다. 그러나 각 문자에는 특별한 정수 암호(code, 코드)가 있다. 이른바 "아스키 암호(ASCII code)"라는 것인데, 문자를 정수로 표현하는 표준 암호로서, 1960년대부터 사용하고 있다. 이러한 문자-정수 상호 변환에 내장 함수 int_of_char 및 char_of_int를 사용한다. 사용 예는 다음과 같다.

OCaml

```
# int_of_char 'C';;
- : int = 67
# char_of_int 67;;
- : char = 'C'
```

아스키 암호 값은 0에서 255까지의 정수이다. 그런데 암호값 모두가 인쇄 가능한 문자와 대응하는 것은 아니다. 인쇄를 제어하는 문자도 포함되어 있다. 예를 들어, 새줄 문자 '\n'의 암호값은 10이다. 지금까지의 논의로 보아, 막대그림표로 나타낼 누산기는 길이가 256인 정수 배열로 구현할 수 있겠다.

　핵심 함수 channel_statistics가 다소 길어지고 있으므로, 빈도수를 인쇄하는 별도의 함수를 작성한다. 다음에 보인 print_histogram 함수가 그것인데, 문자 출현 횟수 누산이 끝난 배열을 인수로 받아 빈도수를 인쇄한다. 출현 사례가 없는 문자의 경우, 그 문자에 대한 행이 인쇄되지 않는다.

```
print_histogram : int array → unit

let print_histogram arr =
   print_string "Character frequencies:";
   print_newline ();
   for x = 0 to 255 do                    각 문자에 대하여 처리하되,
      if arr.(x) > 0 then               빈도수가 0 아닌 것만 대상으로 한다.
         begin
            print_string "For character '";
            print_char (char_of_int x);              문자를 인쇄한다.
            print_string "' (character number ";
            print_int x;                 문자의 아스키 암호를 인쇄한다.
            print_string ") the count is ";
            print_int arr.(x);           문자의 빈도수를 인쇄한다.
            print_string ".";
            print_newline ()
         end
   done
```

print_histogram 함수는 다음과 같은 줄을 인쇄한다.

```
For character 'd' (character number 100) the count is 6.
```

진짜 막대 그림을 예상하고 있었다면 다소 실망스러울 것이다. 그러나 누계값만큼 "*" 문자를 인쇄하게 만들면, 예상했던 막대 그림을 볼 수 있다.

이제는 channel_statistics 함수를 확장한다. 즉, 다음과 같이 문자 출현 누산기로 사용할 배열을 적절하게 마련하고, 내장 함수 String.iter를 또 다시 동원하여 문자 출현 횟수를 누적시키는 계산을 하는 것이다.

```ocaml
channel_statistics : in_channel -> unit

let channel_statistics in_channel =
    let lines = ref 0 in
    let characters = ref 0 in          let 들여쓰기를 잠시 유보한다.
    let words = ref 0 in
    let sentences = ref 0 in
    let histogram = Array.make 256 0 in          길이 256, 요소 초깃값 0
    try
        while true do
          let line = input_line in_channel in
              lines := !lines + 1;
              characters := !characters + String.length line;
              String.iter
                (fun c ->
                    match c with
                      '.' | '?' | '!' ->
                          sentences := !sentences + 1
                    | ' ' -> words := !words + 1
                    | _ -> ())
                line;
```

```
                    String.iter                    각 문자에 대하여 처리하되...
                        (fun c ->
                            let i = int_of_char c in
                                histogram.(i) <- histogram.(i) + 1)
                                                    문자 출현 횟수를 누적시킨다.
                            line
                done
            with
                End_of_file ->
                    print_string "There were ";
                    print_int !lines;
                    print_string " lines, making up ";
                    print_int !characters;
                    print_string " characters with ";
                    print_int !words;
                    print_string " words in ";
                    print_int !sentences;
                    print_string " sentences.";
                    print_newline ();
                    print_histogram histogram        빈도수 인쇄 함수를 호출한다.
```

확장한 함수를 예문에 적용하면 다음과 같은 결과를 얻는다.

OCaml

```
# file_statistics "gregor.txt";;
There were 8 lines, making up 464 characters with 80 words in 4 sentences.
Character frequencies:
For character ' ' (character number 32) the count is 80.
```

```
For character ',' (character number 44) the count is 6.
For character '-' (character number 45) the count is 1.
For character '.' (character number 46) the count is 4.
For character 'G' (character number 71) the count is 1.
For character 'H' (character number 72) the count is 2.
For character 'O' (character number 79) the count is 1.
For character 'S' (character number 83) the count is 1.
For character 'T' (character number 84) the count is 1.
For character 'a' (character number 97) the count is 24.
For character 'b' (character number 98) the count is 10.
For character 'c' (character number 99) the count is 6.
For character 'd' (character number 100) the count is 25.
For character 'e' (character number 101) the count is 47.
For character 'f' (character number 102) the count is 13.
For character 'g' (character number 103) the count is 5.
For character 'h' (character number 104) the count is 22.
For character 'i' (character number 105) the count is 30.
For character 'k' (character number 107) the count is 4.
For character 'l' (character number 108) the count is 23.
For character 'm' (character number 109) the count is 15.
For character 'n' (character number 110) the count is 21.
For character 'o' (character number 111) the count is 27.
For character 'p' (character number 112) the count is 3.
For character 'r' (character number 114) the count is 20.
For character 's' (character number 115) the count is 24.
For character 't' (character number 116) the count is 21.
For character 'u' (character number 117) the count is 6.
For character 'v' (character number 118) the count is 4.
For character 'w' (character number 119) the count is 6.
```

```
For character 'y' (character number 121) the count is 10.
For character 'z' (character number 122) the count is 1.
- : unit = ()
```

예문에서 가장 많이 나타난 문자는 공백 문자이다. 그리고 가장 많이 나타난 영문자는
'e'이다.

📋 연습문제

1. 다음 표현식을 생각해 보자. 어떤 인용자가 생성되었는가? 인용함의 초깃값과 이 표현식 평가 후의 최종값을 말해 보라. 이 표현식의 유형을 명시하라.

   ```
   let x = ref 1 in
     let y = ref 2 in
       x := !x + !x; y := !x + !y; !x + !y
   ```

2. [ref 5; ref 5]와 **let** x = ref 5 **in** [x; x]의 차이점은 무엇인가?

3. **for** ... = ... **to** ... **do** ... **done** 구문이 사용할 수 없다고 가정하자. 이 구문의 효과를 어떻게 다른 표현식으로 얻을 수 있을까?

4. 다음 표현식의 유형을 명시하라.

   ```
   [|1; 2; 3|]
   [|true; false; true|]
   [|[|1|]|]
   [|[1; 2; 3]; [4; 5; 6]|]
   [|1; 2; 3|].(2)
   [|1; 2; 3|].(2) <- 4
   ```

5. 주어진 정수 배열에 대하여, 배열 요소의 합을 계산하는 함수를 작성하라.

6. 주어진 배열에 대하여, 배열 요소의 나열 순서를 역순으로 만드는 함수를 작성하라. 단, 주어진 배열 안에서 해결하되, 새로운 배열을 도입하지 않아야 한다.

7. 주어진 곱셈 표를 작성하는 함수 table을 작성하라. 표의 크기는 정수로 주어지고, 표의 유형은 **int array array**이다. 예를 들어, **table** 5라고 함수를 실행하면, 다음과 같은 결과가 나와야 한다. 곱셈 표를 배열의 배열로 나타내는 방법은 여러 가지가 있다. 함수 작성에 편한 것을 선택하라.

1	2	3	4	5
2	4	6	8	10
3	6	9	12	15
4	8	12	16	20
5	10	15	20	25

8. 소문자 'a'...'z'의 아스키 암호는 97...122이고, 대문자 'A'...'Z'는 65...90 이다. 내장 함수 int_of_char 및 char_of_int를 사용하여 주어진 문자를 대문자로 바꾸는 함수를 작성하라. 또한 주어진 문자를 소문자로 바꾸는 함수도 작성하라. 단, 영문자가 아닌 것은 변환되지 않아야 한다.

9. 예제 문단을 file_statistics 함수에 입력하여 문자, 단어, 행, 그리고 문장의 개 수를 구했다. 이러한 통계량이 예제 문단의 경우, 어느 정도 정확한지 논평해 보 라. 일반적인 문서를 입력하는 경우, file_statistics로 구한 문서 통계량이 어느 정도 정확할까?

10. 논평한 문제 중에서 하나를 선택하여 해결 방안을 도출하라. 프로그램을 수정하여 해결 방안을 구현하고 문제를 해결하라.

복습

1 정수는 min_int ... -3 -2 -1 0 1 2 3 ... max_int까지의 수이고 그 유형은 int이다. 부울값은 true 및 false이고 그 유형은 bool이다. 문자는 'X' 및 '!'와 같은 것으로 그 유형은 char이다.

수학 연산자 + - * / mod는, 정수 두 개를 연산재로 취하고 그 결과치는 새로운 정수이다.

연산자 = < <= > >= <> 등으로 두 값을 비교하고 그 결과치는 true 또는 false가 된다.

조건문 **if** *expression1* **then** *expression2* **else** *expression3*에서, *expression1*은 bool 유형이고, *expression2*와 *expression3*은 서로 동일한 유형이다.

부울 연산자에는 && 및 ||가 있고 이를 적용하여 합성(compound) 부울 표현식을 만들수 있다.

2 표현식의 평가치에 이름을 부여하는 데 **let** *name* = *expression* 구문을 사용한다. 합성 표현식(compound expression)을 작성하는 데에는 **let** *name1* = *expression1* **in let** *name2* = *expression2* **in** ... 구문을 사용한다.

함수는 **let** *name argument1 argument2* ... = *expression* 형식으로 정의한다. 이러한 함수의 유형은 $\alpha \rightarrow \beta$, $\alpha \rightarrow \beta \rightarrow \gamma$ 또는 ... 등으로 규정되는데, 여기에서 α, β, γ, ... 등도 각각 유형이다.

재귀 함수도 같은 방식으로 정의하지만 let 대신 let rec를 사용한다.

3 문양 어울림 구문 구조의 일반형은, **match** *expression1* **with** *pattern1* | ... -> *expression2* | *pattern2* | ... -> *expression3* | ...이다. 이 구조 안에서 *pattern$_i$* | ... -> *expression$_{i+1}$* 형식의 표현식을 볼 수 있는데, 이 경우의 세로대(|, vertical bar)는 문양을 합성하는 문양 연산자이다. 표현식 *expression2*, *expression3*, ... 등은 서로 같은 유형이어야 한다. 이것이 표현식 **match** ... **with** ... 전체의 유형이 된다.

4 띠는 같은 유형의 0개 이상의 요소가 순서 있게 나열된 모임이다. 이는 대괄호 사이에서 요소들을 쌍반점으로 구분하여 [1; 2; 3; 4; 5]와 같이 표기한다. 비어 있는 띠가 아니라면, 띠에는 첫 번째 요소인 머리와 머리를 제외한 나머지 요소로 구성된 꼬리가 있는데, 꼬리 또한 띠이다.

"cons" 연산자 ::는 기존 띠 앞에 단일 요소를 추가하는 데 사용한다. "append" 연산자 @는 두 띠를 이어 붙이는 데 사용한다.

문양 어울림에 띠와 함께 "cons" 연산자 ::를 사용할 수도 있는데, 띠의 길이가 0, 1, ... 등인지 확인하거나 띠에 특정 내용이 있는지를 분별하는 데 활용한다.

5 문양 어울림에 한 번에 둘 이상을 고려하는 경우에는, 다음과 같이 고려 대상을 쉼표로 구분하여 사례를 표현한다. **match a, b with 0, 0 ->** *expression1* **| x, y ->** *expression2* **| ...**

6 무명 함수는 **fun** *name* **->** *expression*의 형식으로 정의한다. 연산자는 (<=) 또는 (+)와 같이 여백을 둔 괄호로 묶어 표기하여, 함수가 나타나야 하는 자리에 대신 쓸 수 있다.

7 예외는 **exception** *name*으로 정의한다. 예외가 수반하는 정보의 유형은 **of** *type* 부속 문구로 명시할 수 있다. **raise**로 예외를 발동시킨다. 예외 처리기는 **try ... with ...** 구문으로 작성한다.

8 정보 짝은 유한개의 요소를 (a, b), (a, b, c) 등과 같이 결합하는 구조로서 그 유형이 각각 $\alpha \times \beta$, $\alpha \times \beta \times \gamma$ 등이다.

9 함수의 부분 적용이란, 전체 인수가 아닌 일부 인수에만 값을 적용함을 뜻한다. 연산자에서 생성한 함수에 부분 적용을 시행할 수 있다.

10 새로운 유형의 정의는 **type** *name* **=** *constructor1* **of** *type1* **|** *constructor2* **of** *type2* **| ...**의 형식을 따른다. 문양 어울림도 내장 유형에 그랬던 것처럼 자작 유형에 동등하게 적용할 수 있다. 유형을 다형적이 되게 하려면 유형 변수를 정의에 포함시킨다.

11 문자열은 큰따옴표로 묶은 일련의 문자들인데, 그 유형은 string이다.

12 헛것은 unit 유형에 속하는 것으로 유일한데, 그 값을 ()로 표현한다. 입력 매체의 유형은 in_channel이고, 출력 매체의 유형은 out_channel이다. 입력 및 출력 매체에 대하여 각각 입출력 작업을 수행할 내장 함수가 준비되어 있다.

13 인용자의 유형은 α ref이다. 인용자를 생성하려면 내장 함수 ref를 호출한다. 연산자 !를 인용자에 적용하여 인용함에 저장된 인용치를 입수한다. 연산자 :=를 사용하여 인용함 내용을 변경한다.

표현식을 괄호 대신 **begin ... end** 구문으로 묶으면, 프로그램의 가독성이 증진된다.

부울 조건이 성립하는 동안 어떤 작업을 반복적으로 실행시키는 것은, **while** *boolean expression* **do** *expression* **done** 구문으로 표현한다. 어떤 작업을 주어진 "횟수"만큼 변동 인수로 반복 실행시키는 것은, **for** *name = start* **to** *end* **do** *expression* **done** 구문으로 표현한다.

배열은 유형이 α array이다. 배열은 내장 함수 Array.make로 만든다. 배열의 길이는 내장 함수 Array.length로 알아낸다. 배열 요소를 입수할 때에는 a.(*subscript*)와 같이 첨자로 요소를 지정한다. 배열 요소 값을 갱신할 때는 a.(*subscript*) <- *expression*과 같이 새로운 값을 할당한다. 내장 함수 String.iter는, 인수로 받은 문자열의 각 문자에 인수로 받은 함수를 적용하는 것이다.

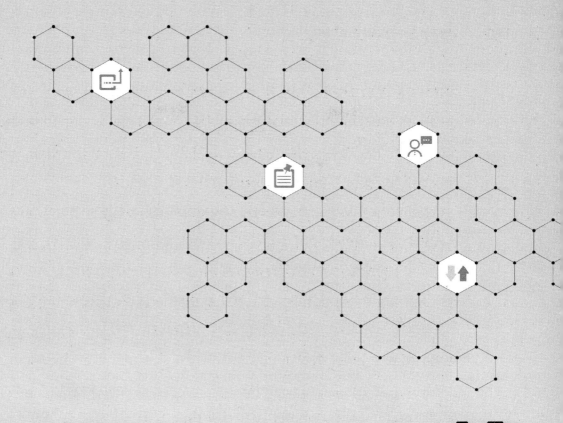

CHAPTER **14**

부동 소수점 수

지금까지는 프로그램에서 정수만 보았다. 대부분의 경우 정수만 있어도 프로그래밍을 하는 데 부족함이 없다. 그리고 표현 범위가 제한되어 있다는 것과 0으로 나눌 가능성을 제외한다면, 정수는 이해하기 쉽고 또 사용하기 쉽다는 장점이 있다. 그러나 이제는 소수점이 있는 실수(real number)를 고찰할 때가 되었다.

분명한 사실은, 모든 수를 정확하게 나타내기가 불가능하다는 것이다. π나 e와 같은 무리수가 그 예인데, 숫자로 표시되는 유한한 표현이 없다. 그렇지만, 유한 표현이 없는 수치일지라도, *부동 소수점*(*floating-point*)이라는 수치 표현법을 쓰면 대부분의 경우 실용적인 수준에서 정확하게 표현할 수 있다. 이는 오캐믈에서 실수를 표현하고 저장하는 방식이다. 이 방식으로 모든 수를 정확하게 표현할 수는 없지만, 산술 연산은 매우 빠르게 수행될 수 있다.

부동 소수점 수는 유형이 **float**이다. 부동 소수점 수를 표현할 때에는, 소수점을 표현 내부 어딘가에 포함시켜 쓴다. 예를 들어 1.6 또는 2. 또는 386.54123과 같이 쓴다는 말이다. 음의 정수 앞에 문자 −가 있는 것처럼, 음의 부동 소수점 수 앞에는 문자 두 개 −.가 있어야 한다. 마찬가지로, 부동 소수점 수에 대한 표준 산술 연산자로서, 덧셈에는 +.를 쓰고, 뺄셈에는 −.를 쓰고, 곱셈에는 *.를 쓰고, 나눗셈에는 /.를 쓴다. 거듭제곱은 ** 연산자로 표현한다. 다음 예를 보자.

```OCaml
# 1.5;;
- : float = 1.5
# 6.;;
- : float = 6.
# -.2.3456;;
- : float = -2.3456
```

```
# 1.0 +. 2.5 *. 3.0;;
- : float = 8.5
# 1.0 /. 1000.0;;
- : float = 0.001
# 1. /. 100000.;;
- : float = 1e-05
# 3000. ** 10.;;
- : float = 5.9049e+34
# 3.123 -. 3.;;
- : float = 0.12300000000000022
```

유의할 것은, 예의 마지막 행이다. 그것은 부동 소수점 연산의 정밀도 한계에 대한 실제 예이다. 또한 매우 작거나 대단히 큰 수를 표현할 때는 과학적 표기법(scientific notation)을 쓴다. 앞에서 본, 5.9049e+34 형식의 수가 그 표기법을 사용한 예이다. 표현할 수 있는 수치의 범위, 즉 절댓값의 최댓값, 최솟값은 다음과 같이 확인할 수 있다.

OCaml

```
# max_float;;
- : float = 1.79769313486231571e+308
# min_float;;
- : float = 2.22507385850720138e-308
```

부동 소수점 수로 계산하려면 주의가 필요한데, 여기에 대한 포괄적 논의는 이 책의 범위를 벗어난다. 이렇게 까다로운 문제는 부동 소수점 수치를 다루는 모든 프로그래밍 언어에 존재한다. 오캐믈에서는 예를 들어 1. /. 0.을 평가하면, 특별한 값 infinity가 나온다. 즉, 부동 소수점 연산에는 Division_by_zero 예외가 발생하지 않는다는 말이다. 이와 함께, neg_infinity(-1.0 /. 0.0의 평가치) 및 nan("not a number",

0.0 /. 0.0의 평가치)와 같은 또 다른 특수한 값도 있다. 이러한 난제를 지금은 다루지 않겠다. 그러나 잠재된 문제이기 때문에 강건한 수치계산 프로그램을 작성할 때는 직면해야 한다는 것을 명심하자.

부동 소수점 수에 적용하는 표준 함수가 여럿 있다. 유형 변환 함수도 여기에 포함된다. 그 중 일부는 다음과 같다.

함수	유형	설명
sqrt	float → float	인수의 제곱근을 반환
log	float → float	인수의 자연로그 값을 반환
log10	float → float	인수의 상용로그 값을 반환
sin	float → float	인수의 정현(sine, 사인)값을 반환, 인수는 호도(radian, 라디안)로 표현한 각도
cos	float → float	인수의 여현(cosine, 코사인)값을 반환, 인수는 호도(radian, 라디안)로 표현한 각도
tan	float → float	인수의 정접(tangent, 탄젠트)값을 반환, 인수는 호도(radian, 라디안)로 표현한 각도
atan	float → float	인수의 역정접(arctangent)값을 반환, 반환값은 호도(radian, 라디안)로 표현한 각도
ceil	float → float	인수보다 크거나 같은 정수 중에서 가장 작은 정수를 부동 소수점 수로 반환
floor	float → float	인수보다 작거나 같은 정수 중에서 가장 큰 정수를 부동 소수점 수로 반환
float_of_int	int → float	정수를 부동 소수점 수로 변환
int_of_float	float → int	부동 소수점 수를 정수로 변환, 소수점 이하 정수가 아닌 부분은 무시함
print_float	float → unit	부동 소수점 수를 화면에 인쇄
string_of_float	float → string	부동 소수점 수를 문자열로 변환
float_of_string	string → float	문자열을 부동 소수점 수로 변환, 인수가 잘못된 경우 Failure "float_of_string" 예외가 발생

이제는 부동 소수점 수를 처리하는 함수를 작성하겠다. 2차원 벡터 연산 중에서 간단한 것을 함수로 구현해 보자. 먼저, 점은 (2.0, 3.0)과 같이 **float × float** 유형의 부동 소수점 수의 쌍으로 표현한다. 벡터 또한 한 쌍의 부동 소수점 수로 나타낼 것이다. 이제 벡터를 처리하는 함수를 작성할 수 있다. 첫째는, 벡터를 만드는 함수이다. 생성시킬 벡터는 한 점에서 다른 점으로 방향이 정해진 것이다. 두 번째는, 벡터의 길이를 구하는 것이고, 세 번째는, 점의 위치를 벡터로 이동시키는 것이다. 마지막으로 네 번째는, 주어진 길이로 벡터의 크기를 조정하는 함수이다.

```
make_vector : float × float → float × float → float × float
vector_length : float × float → float
offset_point : float × float → float × float → float × float
scale_to_length : float → float × float → float × float

let make_vector (x0, y0) (x1, y1) =
   (x1 -. x0, y1 -. y0)

let vector_length (x, y) =
   sqrt (x *. x +. y *. y)

let offset_point (x, y) (px, py) =
   (px +. x, py +. y)

let scale_to_length l (a, b) =
   let currentlength = vector_length (a, b) in
     if currentlength = 0. then (a, b) else      0으로 나눔을 방지
       let factor = l /. currentlength in
         (a *. factor, b *. factor)
```

유념할 사실은, 0으로 나누지 않도록 조심해야 한다는 것인데, 정수의 경우도 마찬가지였다. 점은 정보 짝으로 표현했다. 그 이유는 이런 표현이 읽기가 더 쉽기 때문이다. 물론 정보 짝을 쓰는 대신, 점을 표현하는 각 부동 소수점 수를 별도의 인수로 전달할 수도 있었다.

부동 소수점 수는 대개 필수적이기는 하지만 주의해서 사용해야 한다. 이 장의 연습 문제를 풀면서 이러한 사실을 확인하게 될 것이다. 어떤 문제는 앞의 표에서 본 내장 함수가 필요한 것도 있다.

📋 연습문제

1. 양의 부동 소수점 수를 가장 가까운 정수로 반올림하고, 그 결과를 다른 부동 소수점 수로 반환하는 함수를 작성하라.

2. 함수를 작성하여, 2차원 평면에서 주어진 두 점으로부터 같은 거리에 있는 점을 찾아라.

3. 부동 소수점 수를 정수 부분과 소수 부분으로 분리하는 함수를 작성하라. 반환값은 float × float 유형의 정보 짝이다.

4. float → unit 유형의 함수 star를 작성하라. 이 함수는 0과 1 사이의 부동 소수점 수가 인수로 주어질 때, 그 위치를 별표로 표시한다. 예를 들어 인수가 0이면 제1열에 별표를 표시해야 하고, 인수가 1이면 제50열에 별표를 표시해야 한다.

5. 이제는 함수 star로 도표를 그리는 함수 plot을 작성하라. 함수 plot의 인수로는 float → float 유형의 함수, 범위, 증분치 등 세 개이고, 함수 star를 사용하여 도표를 그린다. 예를 들어 π값을 pi라는 이름으로 언급한다고 가정하면, 다음 쪽 예시와 같은 실행 결과를 볼 수 있다. 예시에는 정현 함수의 도표가 나타나 있는데, 범위는 0에서 π까지이고 증분치는 π/20이다. pi값은 계산식 4.0 *. atan 1.0으로 정의할 수 있다.

```
        OCaml
# plot sin 0. pi (pi /. 20.);;
*
      *
           *
               *
                  *
                     *
                        *
                           *
                             *
                               *
                                *
                                *
                                *
                               *
                             *
                           *
                        *
                     *
                  *
               *
           *
        *
    *
```

복습

1 정수는 min_int ... -3 -2 -1 0 1 2 3 ... max_int까지의 수이고 그 유형은 int이다. 부울값은 true 및 false이고 그 유형은 bool이다. 문자는 'X' 및 '!'와 같은 것으로 그 유형은 char이다.

수학 연산자 + - * / mod는, 정수 두 개를 연산재로 취하고 그 결과치는 새로운 정수이다.

연산자 = < <= > >= <> 등으로 두 값을 비교하고 그 결과치는 true 또는 false가 된다.

조건문 **if** *expression1* **then** *expression2* **else** *expression3*에서, *expression1*은 bool 유형이고, *expression2*와 *expression3*은 서로 동일한 유형이다.

부울 연산자에는 && 및 ||가 있고 이를 적용하여 합성(compound) 부울 표현식을 만들 수 있다.

2 표현식의 평가치에 이름을 부여하는 데 **let** *name* = *expression* 구문을 사용한다. 합성 표현식(compound expression)을 작성하는 데에는 **let** *name1* = *expression1* **in let** *name2* = *expression2* **in** ... 구문을 사용한다.

함수는 **let** *name argument1 argument2* ... = *expression* 형식으로 정의한다. 이러한 함수의 유형은 $\alpha \rightarrow \beta$, $\alpha \rightarrow \beta \rightarrow \gamma$ 또는 ... 등으로 규정되는데, 여기에서 α, β, γ, ... 등도 각각 유형이다.

재귀 함수도 같은 방식으로 정의하지만 let 대신 let rec를 사용한다.

3 문양 어울림 구문 구조의 일반형은, **match** *expression1* **with** *pattern1* | ... -> *expression2* | *pattern2* | ... -> *expression3* | ...이다. 이 구조 안에서 *pattern_i* | ... -> *expression_{i+1}* 형식의 표현식을 볼 수 있는데, 이 경우의 세로대(|, vertical bar)는 문양을 합성하는 문양 연산자이다. 표현식 *expression2*, *expression3*, ... 등은 서로 같은 유형이어야 한다. 이것이 표현식 **match** ... **with** ... 전체의 유형이 된다.

4 띠는 같은 유형의 0개 이상의 요소가 순서 있게 나열된 모임이다. 이는 대괄호 사이에서 요소들을 쌍반점으로 구분하여 [1; 2; 3; 4; 5]와 같이 표기한다. 비어있는 띠가 아니라면, 띠에는 첫 번째 요소인 머리와 머리를 제외한 나머지 요소로 구성된 꼬리가 있는데, 꼬리 또한 띠이다.

"cons" 연산자 ::는 기존 띠 앞에 단일 요소를 추가하는 데 사용한다. "append" 연산자 @는 두 띠를 이어 붙이는 데 사용한다.

문양 어울림에 띠와 함께 "cons" 연산자 ::를 사용할 수도 있는데, 띠의 길이가 0, 1, ... 등인지 확인하거나 띠에 특정 내용이 있는지를 분별하는 데 활용한다.

5 문양 어울림에 한 번에 둘 이상을 고려하는 경우에는, 다음과 같이 고려 대상을 쉼표로 구분하여 사례를 표현한다. **match** a, b **with** 0, 0 -> *expression1* | x, y -> *expression2* | ...

6 무명 함수는 **fun** *name* -> *expression*의 형식으로 정의한다. 연산자는 (<=) 또는 (+)와 같이 여백을 둔 괄호로 묶어 표기하여, 함수가 나타나야 하는 자리에 대신 쓸 수 있다.

7 예외는 **exception** *name*으로 정의한다. 예외가 수반하는 정보의 유형은 **of** *type* 부속 문구로 명시할 수 있다. **raise**로 예외를 발동시킨다. 예외 처리기는 **try** ... **with** ... 구문으로 작성한다.

8 정보 짝은 유한개의 요소를 (a, b), (a, b, c) 등과 같이 결합하는 구조로서 그 유형이 각각 $\alpha \times \beta$, $\alpha \times \beta \times \gamma$ 등이다.

9 함수의 부분 적용이란, 전체 인수가 아닌 일부 인수에만 값을 적용함을 뜻한다. 연산자에서 생성한 함수에 부분 적용을 시행할 수 있다.

10 새로운 유형의 정의는 **type** *name* = *constructor1* **of** *type1* | *constructor2* **of** *type2* | ...의 형식을 따른다. 문양 어울림도 내장 유형에 그랬던 것처럼 자작 유형에 동등하게 적용할 수 있다. 유형을 다형적이 되게 하려면 유형 변수를 정의에 포함시킨다.

11 문자열은 큰따옴표로 묶은 일련의 문자들인데, 그 유형은 string이다.

12 헛것은 unit 유형에 속하는 것으로 유일한데, 그 값을 ( )로 표현한다. 입력 매체의 유형은 in_channel이고, 출력 매체의 유형은 out_channel이다. 입력 및 출력 매체에 대하여 각각 입출력 작업을 수행할 내장 함수가 준비되어 있다.

13 인용자의 유형은 α ref이다. 인용자를 생성하려면 내장 함수 ref를 호출한다. 연산자 !를 인용자에 적용하여 인용함에 저장된 인용치를 입수한다. 연산자 :=를 사용하여 인용함 내용을 변경한다.

표현식을 괄호 대신 **begin ... end** 구문으로 묶으면, 프로그램의 가독성이 증진된다.

부울 조건이 성립하는 동안 어떤 작업을 반복적으로 실행시키는 것은, **while** *boolean expression* **do** *expression* **done** 구문으로 표현한다. 어떤 작업을 주어진 "횟수"만큼 변동 인수로 반복 실행시키는 것은, **for** *name* = *start* **to** *end* **do** *expression* **done** 구문으로 표현한다.

배열은 유형이 α array이다. 배열은 내장 함수 Array.make로 만든다. 배열의 길이는 내장 함수 Array.length로 알아낸다. 배열 요소를 입수할 때에는 a.(*subscript*)와 같이 첨자로 요소를 지정한다. 배열 요소 값을 갱신할 때는 a.(*subscript*) <- *expression*과 같이 새로운 값을 할당한다. 내장 함수 String.iter는, 인수로 받은 문자열의 각 문자에 인수로 받은 함수를 적용하는 것이다.

14 부동 소수점 수는 유형이 float이고, 절댓값의 범위는 min_float에서 max_float까지이다. 부동 소수점 수에 대한 산술 연산자에는 +., -., *., /., 그리고 ** 등이 있고 내장 함수로는 sqrt, log 등등이 있다.

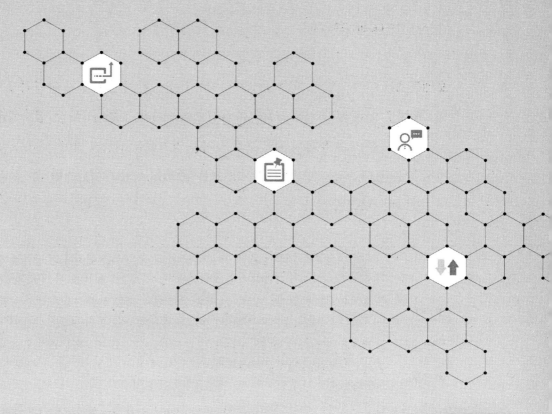

CHAPTER **15**

표준 문고

오캐믈에는 이미 보았던 함수 외에도 다양하고 유용한 내장 함수가 마련되어 있다. 이를 *오캐믈 표준 문고(OCaml Standard Library)*라고 한다. 내장 함수들은 *모듐(module, 모듈)*으로 분류되는데, 모듐은 기능 영역별로 구성된 것이다. 다음 장에서는 자작 모듐을 구축하는 방법을 배운다. 표준 문고(library, 라이브러리)에 있는 모듐의 몇 가지 예는 다음과 같다.

List	띠 모듐에는 띠를 다루는 많은 함수가 있다. 그 중 일부는 이미 이전 장들에서 작성해 본 적이 있다. 그 외 간단한 사전 구현체와 띠에 대한 정렬 및 검색 함수가 있다.
Array	배열 모듐에는 배열 생성 및 수정, 띠와 상호 변환, 배열 정렬 등을 수행하는 함수가 있다. 배열 하나 또는 배열 둘에 대하여 배열 요소를 반복 처리하는 함수도 있다.
Char	문자 모듐에는 문자 처리 함수가 있는데, 문자와 정수 간의 상호 변환 함수도 포함된다.
String	문자열 모듐에는 문자열 작성용 함수를 비롯하여, 검색, 사상, 그리고 반복 처리 등을 수행하는 함수가 있다.
Random	난수 모듐에는 의사 난수(pseudo-random number)를 발생시키는 함수와 관련 보조 함수가 있다. 난수의 유형은 정수 및 부동 소수점 수이다.
Buffer	완충기(buffer, 버퍼) 모듐은 부응(副應) 완충기를 구현한 것이다. 부분 문자열 또는 문자를 조합하여 전체 문자열을 만드는 데 사용한다. 이 구현체는 문자열 연결을 반복할 때 자칫하면 생기는 비효율성을 극복한 것이다.
Printf	인쇄 모듐에는 "서식 문자열(format string)"에 의거하여 인쇄하는 함수들이 있다. 이러한 함수를 활용하면, print_int 및 print_string 등을 반복적으로 사용하여 서식을 지키는 것보다 더 유연하고 간결하게 인쇄할 수 있다.

띠 모듐을 예로 들어 보겠다. 오캐믈 표준 문고에 대한 설명서는 사용자가 쓰고 있는 오캐믈 설치 사본이나 인터넷에서 찾아볼 수 있다.

　모듐의 함수는 모듐 이름과 함수 사이에 마침표(종지부)를 찍어서 지정하여야 사용할 수 있다. 예를 들면, 띠 모듐의 길이 함수 length는 다음과 같이 지정하여야 사용할 수 있다.

```
        OCaml
```

```
# List.length [1; 2; 3; 4; 5];;
- : int = 5
```

함수 이름만 쓰면 유형도 볼 수 있다.

```
        OCaml
```

```
# List.length;;
- : 'a list -> int = <fun>
```

다음은 List.length에 대한 설명서 내용이다.

```
val length : 'a list -> int

        Return the length (number of elements) of the given list.
```

설명에 나오는 val에 대해서는 다음 장에서 논의하겠다. 때로는 모둠 안의 다른 함수에 대한 정보가 추가적으로 필요한 경우가 있다. 다음 예를 보자.

```
val nth : 'a list -> int -> 'a

        Return the n-th element of the list. The first element (head of the list) is at
        position 0. Raise Failure "nth" if the list is too short. Raise Invalid_argument
        "List.nth" if n is negative.
```

이 함수를 실행해 보면 다음과 같은 결과를 얻는다.

```OCaml
# List.nth [1; 2; 4; 8; 16] 3;;
- : int = 8
```

설명서에서 알아낼 수 있는 것은, 함수가 각 인수로 어떤 일을 하는지, 어떤 예외 상황이 벌어질 수 있는지에 대한 자세한 사항이다. 함수가 꼬리 재귀적이지 않으면, 대단히 큰 인수를 처리하는 데 실패할 수도 있다. 이러한 사항은 함수 설명에 단서 조항으로 표시된다.

　이 장의 연습문제는 표준 문고의 함수를 활용하므로, 설명서 사본을 준비해서 볼 수 있어야 한다.

📋 연습문제

1. `List.concat` 함수의 기능을 스스로 구현하여 자작판 함수를 만들어 보아라. 오캐 믈의 표준 문고에 내장된 함수는 꼬리 재귀형이 아니다. 꼬리 재귀적인 자작 함수 로 작성해 보라.

2. `bool list list` 유형의 띠를 `List.mem`을 사용하여 처리하는 함수를 작성하되, 모든 요소 띠에 true가 포함된 경우에만 true를 반환하게 하라.

3. 주어진 문자열에서 느낌표 개수를 세는 함수를 작성하되, String 모듬에서 하나 이상의 함수를 사용하라.

4. 주어진 문자열의 새 복사본을 반환하는 함수를 작성하되, 느낌표는 모두 마침표 로 바뀌어야 하고, `String.map` 함수를 사용해야 한다.

5. 주어진 문자열 띠에서, 요소 모두를 연결한 문자열을 만드는 함수 concat를 작성 하되, String 모듬을 사용하라.

6. 앞서 거론한 함수 concat를 작성하되, 이제는 Buffer 모듬을 사용하라. 이렇게 하 면 함수 concat가 더 빨라질 것이다.

7. 주어진 문자열 내에서 문자열 "OCaml"의 출현 횟수를 헤아리는 함수를 작성하되, String 모듬을 활용하라.

복습

1 정수는 min_int ... -3 -2 -1 0 1 2 3 ... max_int까지의 수이고 그 유형은 int이다. 부울값은 true 및 false이고 그 유형은 bool이다. 문자는 'X' 및 '!'와 같은 것으로 그 유형은 char이다.

수학 연산자 + - * / mod는, 정수 두 개를 연산재로 취하고 그 결과치는 새로운 정수이다.

연산자 = < <= > >= <> 등으로 두 값을 비교하고 그 결과치는 true 또는 false가 된다.

조건문 **if** *expression1* **then** *expression2* **else** *expression3*에서, *expression1*은 bool 유형이고, *expression2*와 *expression3*은 서로 동일한 유형이다.

부울 연산자에는 && 및 ||가 있고 이를 적용하여 합성(compound) 부울 표현식을 만들수 있다.

2 표현식의 평가치에 이름을 부여하는 데 **let** *name* = *expression* 구문을 사용한다. 합성 표현식(compound expression)을 작성하는 데에는 **let** *name1* = *expression1* **in let** *name2* = *expression2* **in** ... 구문을 사용한다.

함수는 **let** *name argument1 argument2* ... = *expression* 형식으로 정의한다. 이러한 함수의 유형은 $\alpha \rightarrow \beta$, $\alpha \rightarrow \beta \rightarrow \gamma$ 또는 ... 등으로 규정되는데, 여기에서 α, β, γ, ... 등도 각각 유형이다.

재귀 함수도 같은 방식으로 정의하지만 let 대신 let rec를 사용한다.

3 문양 어울림 구문 구조의 일반형은, **match** *expression1* **with** *pattern1* | ... -> *expression2* | *pattern2* | ... -> *expression3* | ...이다. 이 구조 안에서 *pattern$_i$* | ... -> *expression$_{i+1}$* 형식의 표현식을 볼 수 있는데, 이 경우의 세로대(|, vertical bar)는 문양을 합성하는 문양 연산자이다. 표현식 *expression2*, *expression3*, ... 등은 서로 같은 유형이어야 한다. 이것이 표현식 **match** ... **with** ... 전체의 유형이 된다.

4 띠는 같은 유형의 0개 이상의 요소가 순서 있게 나열된 모임이다. 이는 대괄호 사이에서 요소들을 쌍반점으로 구분하여 [1; 2; 3; 4; 5]와 같이 표기한다. 비어 있는 띠가 아니라면, 띠에는 첫 번째 요소인 머리와 머리를 제외한 나머지 요소로 구성된 꼬리가 있는데, 꼬리 또한 띠이다.

"cons" 연산자 ::는 기존 띠 앞에 단일 요소를 추가하는 데 사용한다. "append" 연산자 @는 두 띠를 이어 붙이는 데 사용한다.

문양 어울림에 띠와 함께 "cons" 연산자 ::를 사용할 수도 있는데, 띠의 길이가 0, 1, ... 등인지 확인하거나 띠에 특정 내용이 있는지를 분별하는 데 활용한다.

5 문양 어울림에 한 번에 둘 이상을 고려하는 경우에는, 다음과 같이 고려 대상을 쉼표로 구분하여 사례를 표현한다. **match** a, b **with** 0, 0 -> *expression1* | x, y -> *expression2* | ...

6 무명 함수는 **fun** *name* -> *expression*의 형식으로 정의한다. 연산자는 (<=) 또는 (+)와 같이 여백을 둔 괄호로 묶어 표기하여, 함수가 나타나야 하는 자리에 대신 쓸 수 있다.

7 예외는 **exception** *name*으로 정의한다. 예외가 수반하는 정보의 유형은 **of** *type* 부속 문구로 명시할 수 있다. **raise**로 예외를 발동시킨다. 예외 처리기는 **try** ... **with** ... 구문으로 작성한다.

8 정보 짝은 유한개의 요소를 (a, b), (a, b, c) 등과 같이 결합하는 구조로서 그 유형이 각각 $\alpha \times \beta$, $\alpha \times \beta \times \gamma$ 등이다.

9 함수의 부분 적용이란, 전체 인수가 아닌 일부 인수에만 값을 적용함을 뜻한다. 연산자에서 생성한 함수에 부분 적용을 시행할 수 있다.

10 새로운 유형의 정의는 **type** *name* = *constructor1* **of** *type1* | *constructor2* **of** *type2* | ...의 형식을 따른다. 문양 어울림도 내장 유형에 그랬던 것처럼 자작 유형에 동등하게 적용할 수 있다. 유형을 다형적이 되게 하려면 유형 변수를 정의에 포함시킨다.

11 문자열은 큰따옴표로 묶은 일련의 문자들인데, 그 유형은 string이다.

12 헛것은 unit 유형에 속하는 것으로 유일한데, 그 값을 ()로 표현한다. 입력 매체의 유형은 in_channel이고, 출력 매체의 유형은 out_channel이다. 입력 및 출력 매체에 대하여 각각 입출력 작업을 수행할 내장 함수가 준비되어 있다.

13 인용자의 유형은 α ref이다. 인용자를 생성하려면 내장 함수 ref를 호출한다. 연산자 !를 인용자에 적용하여 인용함에 저장된 인용치를 입수한다. 연산자 :=를 사용하여 인용함 내용을 변경한다.

표현식을 괄호 대신 **begin ... end** 구문으로 묶으면, 프로그램의 가독성이 증진된다.

부울 조건이 성립하는 동안 어떤 작업을 반복적으로 실행시키는 것은, **while** *boolean expression* **do** *expression* **done** 구문으로 표현한다. 어떤 작업을 주어진 "횟수"만큼 변동 인수로 반복 실행시키는 것은, **for** *name* = *start* **to** *end* **do** *expression* **done** 구문으로 표현한다.

배열은 유형이 α array이다. 배열은 내장 함수 Array.make로 만든다. 배열의 길이는 내장 함수 Array.length로 알아낸다. 배열 요소를 입수할 때에는 a.(*subscript*)와 같이 첨자로 요소를 지정한다. 배열 요소 값을 갱신할 때는 a.(*subscript*) <- *expression*과 같이 새로운 값을 할당한다. 내장 함수 String.iter는, 인수로 받은 문자열의 각 문자에 인수로 받은 함수를 적용하는 것이다.

14 부동 소수점 수는 유형이 float이고, 절댓값의 범위는 min_float에서 max_float 까지이다. 부동 소수점 수에 대한 산술 연산자에는 +., -., *., /., 그리고 ** 등이 있고 내장 함수로는 sqrt, log 등등이 있다.

15 오캐믈 표준 문고의 함수는 *모듈명. 함수명*, 즉 *Module.function* 형식으로 호출하여 사용한다.

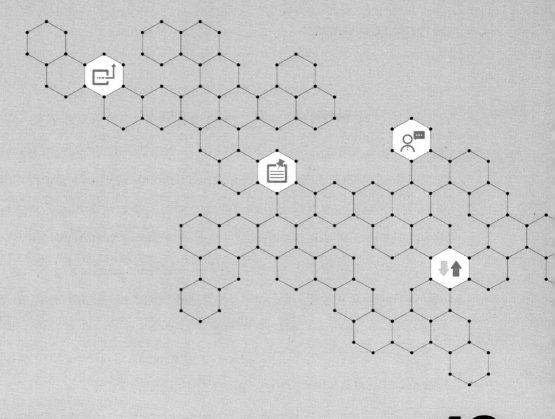

프로그램 조립

지금까지는 소규모의 오캐믈 프로그램을 작성하고 대화식으로 검사했다. 이제부터는 더 큰 프로그램을 작성하려고 한다. 그런데 목표 프로그램의 규모가 커질수록 작성 문제의 복잡성은 기하급수적으로 증가한다. 대개 이러한 복잡성은 분할로 해소한다. 분할 도구를 쓰면, 목표 프로그램을 적정한(well-defined) *모둠*(*module*)으로 나눌 수 있을 것이다. 모둠은 프로그램 조립 단위로서, 유형과 함수로 이루어진다. 분할 이후에는 단일 모둠의 내부 변경이 자칫 전체 프로그램에 영향을 끼칠 것이라는 염려 없이 큰 소프트웨어 시스템을 조립할 수 있다. 이러한 모둠화(modularization) 과정을 *추상화*(*abstraction*)라고 하는데, 대규모의 프로그램을 작성하는 데 있어서, 즉 *소프트웨어 공학*(*software engineering*)이라고도 하는 학문 분야에서 있어서 필수적인 개념이다.

이 장에서는 사용 중인 컴퓨터의 명령 쑤시개(command prompt, 명령 프롬프트)라는 매개체를 통하여 원문 장부(text file, 텍스트 파일)를 작성하고 또 명령도 내려 실행시켜야 한다. 이렇게 하는 방법을 잘 모르거나, 이 장에서 논의하는 예제가 재현되지 않는 경우, 친구나 선생님의 도움이 필요하다. 특히 Microsoft Windows 운영체제를 사용하는 경우, 일부 명령의 이름이 다를 수도 있음에 유의해야 한다.

모둠 제작

제13장에서 문서 통계량을 구하는 프로그램을 논의한 적이 있다. `file_statistics` 함수가 그것이었는데, 여기에서는 모둠을 활용하여 재구축할 것이다. 먼저, 그림 16.1과 같은 내용의 원문 장부를 만들어 `textstat.ml`라는 이름으로 저장하라. 단, 이탤릭체 주석은 제외한다. 오캐믈 프로그램이 수록되는 장부는, 이름을 소문자로 표시하고 확장자는 `.ml`이다.

그림 16.1의 첫 번째 줄은 주석(comment)이다. 오캐믈 주석은 (*와 *) 사이에 기록한다. 큰 프로그램을 작성할 때는 주석을 활용하는데, 프로그램을 읽는 독자의 이해를 돕기 위함이다. 독자란, 다른 누군가일 수도 있고, 얼마 후 개발자 자신일 수도 있다.

```
(* Text statistics *)                                    주석

type stats = int * int * int * int                       통계량 유형

let stats_from_channel _ = (0, 0, 0, 0)                  매체의 통계치

let stats_from_file filename =              장부의 통계치; 예외처리는 없음
    let channel = open_in filename in
        let result = stats_from_channel channel in
            close_in channel;
            result
```

그림 16.1 textstat.ml

그림 16.1의 두 번째 줄에서는 문서 통계량에 대한 유형을 정의한다. 즉, 행, 문자, 단어 및 문장의 개수를 하나의 정보 짝으로 저장하는 유형이다. 그런 다음 stats_from_channel 함수를 정의하였는데, 지금은 반환되는 통계치가 그저 모두 0이다.

이제 ocamlc 명령을 내려 이 프로그램을 사전 처리된(pre-processed) 오캐믈 모둠으로 전환시킬 수 있다. 즉, ocamlc 명령은 프로그램을 실행부(實行簿, executable)로 편역(編譯, compile, 컴파일)한다. 그렇게 되면 모둠을 대화형으로 쓰고 있는 오캐믈에 적재하거나 또는 독립형 프로그램을 조립하는 데 사용할 수 있다. 다음과 같이 명령하자.

```
ocamlc textstat.ml
```

이제 오캐믈 편역기(compiler, 컴파일러)의 이름이 ocamlc임을 알 수 있다. textstat.ml 에 오류가 있으면, 문제를 일으킨 행과 문자 번호가 명시된 오류 문구가 인쇄된다. 오류 는 수정한 후, 다시 명령을 내리면 된다. 편역에 성공하면, 현재 자료방에 textstat.cmo 장부가 생겨난다. 다른 장부도 생기지만, 지금은 고려하지 않아도 된다. 그러면, 사전 편역된(pre-compiled) 자작 모둠을 오캐믈에 적재(load)하자.

OCaml

```
# #load "textstat.cmo";;                                    모둠 적재
# Textstat.stats_from_file "gregor.txt";;                   함수 사용
- : int * int * int * int = (0, 0, 0, 0)
```

유의할 점이 있다. #load 지시(directive)는 이미 소개한 바가 있는 #use 지시와는 다르 다. #use 지시는, 프로그램 장부 내용을 잘라 붙여 넣는 듯 읽어 들이되, 타자로 입력된 것처럼 후속 처리를 하게 명령하는 것이었다. 그런데 여기에 있는 #load 지시는 편역된 모둠 내용을 실제로 그대로 옮겨 싣는 것, 즉 적재를 명령하는 것이고, 추가적인 후속 처 리가 없는 것이다. 여기에서 모둠 이름 Textstat은, 장부 이름 textstat에서 유래했다.

모둠 확충

문서 통계량 모둠을 실제로 작동하게 만들어 보자. 이를 위해서는 stats_from_channel 함수를 보완해서 진짜로 만들어야 한다. 지금은 반환하는 통계치가 모두 0이다. 또한 통계량 유형 즉 stats 유형의 자료에서 개별 통계치를 회수하기 위한 효용(utility, 유 틸리티) 함수도 추가할 것이다. 이렇게 한 결과가 그림 16.2에 나와 있다. 이를 앞서 본 바와 같은 방법으로 편역한 후, 다음과 같이 예제 장부로 시험해 볼 수 있다.

```OCaml
# #load "textstat.cmo";;
# let s = Textstat.stats_from_file "gregor.txt";;
val s : Textstat.stats = (8, 464, 80, 4)
# Textstat.lines s;;
- : int = 8
# Textstat.characters s;;
- : int = 464
# Textstat.words s;;
- : int = 80
# Textstat.sentences s;;
- : int = 4
```

반환값이 정보 짝으로 표현될 경우에, 함수 lines, characters 등등이 왜 필요한지 그 이유가 궁금해졌을 것이다. 이를 지금부터 논의해 보자.

```
(* 문서 통계량 유형 *)
type stats = int * int * int * int

(* 통계치 회수용 효용 함수 *)
let lines (l, _, _, _) = l

let characters (_, c, _, _) = c

let words (_, _, w, _) = w

let sentences (_, _, _, s) = s
```

```
(* 매체의 통계치 도출 *)
let stats_from_channel in_channel =
   let lines = ref 0 in
   let characters = ref 0 in
   let words = ref 0 in
   let sentences = ref 0 in
      try
         while true do
            let line = input_line in_channel in
               lines := !lines + 1;
               characters := !characters + String.length line;
               String.iter
                  (fun c ->
                     match c with
                        '.' | '?' | '!' ->
                           sentences := !sentences + 1
                      | ' ' -> words := !words + 1
                      | _ -> ())
                  line
         done;
         (0, 0, 0, 0) (* 형식적인 반환값, 유형 부합만 노림 *)
      with
         End_of_file ->
            (!lines, !characters, !words, !sentences)
(* 장부의 통계치 도출, 예외처리 없음 *)
let stats_from_file filename =
   let channel = open_in filename in
      let result = stats_from_channel channel in
         close_in channel;
         result
```

그림 16.2 textstat.ml(확충판)

매개체 제작

앞서 언급한 바 있지만, 모둠은 추상화를 실현하는 도구이다. 그래서 개별 모둠의 구현 변경을 독립적으로, 즉 프로그램의 나머지 부분의 변경을 유발하지 않고, 행할 수 있는 것이다. 그러나 이러한 추상성은 아직 달성하지 못했다. 그 이유는 먼저, 모둠 내부에서 정의한 유형의 세부 사항이, 모둠을 활용하는 외부 프로그램에서 볼 수 있기 때문이다. 또, 통계량을 추가하여 stats 유형을 변경하면 이 외부 프로그램이 고장 나기 때문이다. 게다가 stats_from_channel 함수와 같이 모둠 내부에서 정의하여 가용하게 되어 있지만, 모둠의 사용자가 활용하지 않을 것 같은 함수도 있을 수 있다.

원하는 바는 모둠을 제한하여, 직접 사용하고자 하는 필수불가결한 유형과 함수만 가용하게 되도록 만드는 것이다. 이를 위해 *매개체*(*interface*, *인터페이스*)를 활용한다. 매개체는 확장자 .mli로 끝나는 장부에 수록하며 모둠용으로 작성할 수 있다. 문서 통계량 모둠용 매개체가 그림 16.3에 있다.

```
(* 문서 통계량 모둠용 매개체 *)

type stats = int * int * int * int

val lines : stats -> int

val characters : stats -> int

val words : stats -> int

val sentences : stats -> int

val stats_from_channel : in_channel -> stats

val stats_from_file : string -> stats
```

그림 16.3 textstat.mli

그림 16.3의 매개체에서는 유형과 함수를 전부 공개하였다. 유형은 .ml 장부에서 썼던 대로 같은 형식으로 표기한다. 함수 명세는 **val**로 시작하여 그 뒤에 함수명, 쌍점 (colon), 그리고 마지막으로 함수 유형을 쓴다. 이 매개체를 다음과 같이 편역할 수 있다. ocamlc 명령을 내리면서 .mli 장부와 함께 .ml 장부도 제공하면 된다.

```
ocamlc textstat.mli textstat.ml
```

편역기 ocamlc는 적어도 두 개의 장부를 생성한다. 앞의 예에서 본 적이 있는 textstat.cmo, 그리고 편역된 매개체를 수록한 장부 textstat.cmi이다. 오캐믈에 textstat.cmo을 적재하면 앞의 예에서와 꼭 같이 작동함을 알게 될 것이다. 이제 매개체에서 유형 정의부를 제거하여서, stats 유형을 가려(hidden) 버리자. 그 결과, stats 유형의 자료는 각 구성 요소가 입수 제한을 받게 된다. 즉, lines, characters, words, sentences 함수를 통해야만, stats 유형 자료의 각 구성 요소를 입수하여 사용할 수 있게 된다. stats_from_channel에 대한 선언도 제거하겠다. 이로써 직접적으로 필요하지 않은 함수도 가려서 숨길 수 있음을 알게 될 것이다. 이렇게 추상화한 결과가 그림 16.4에 있다.

```
(* 문서 통계량 모둠용 매개체 *)
type stats
val lines : stats -> int
val characters : stats -> int
val words : stats -> int
val sentences : stats -> int
val stats_from_file : string -> stats
```

그림 16.4 textstat.mli(추상물)

이런 상황에서 ocamlc textstat.mli textstat.ml 명령을 내려 프로그램을 다시 편역해 보면, stats_of_channel 함수는 "가려서 숨겨 놓았기" 때문에 이제는 입수하여 사용할 수 없게 되어 버렸고, stats 유형은 이제 *가려진*, 즉 *추상*(*abstract*) 유형이 된 것임을 알 수 있다. 다음 실행 예를 보자.

OCaml

```
# #load "textstat.cmo";;
# let s = Textstat.stats_from_file "gregor.txt";;
val s : Textstat.stats = <abstr>                 이 유형은 가려진 추상 유형임
# Textstat.lines s;;
- : int = 8
# Textstat.characters s;;
- : int = 464
# Textstat.words s;;
- : int = 80
# Textstat.sentences s;;
- : int = 4
# Textstat.stats_from_channel;;                 이 함수는 가려서 숨겨 놓았음
Error: Unbound value Textstat.stats_from_channel
```

이제 모둠 구현체가 모둠용 매개체로부터 성공적으로 분리되었다. 이것이 바로 추상화이다. 추상화의 결과물 즉 추상물은 모둠용 매개체이다. 추상물에는 구현에 대한 내용이 추상화되어 없어지고 필수불가결한 유형과 함수에 대한 명세만 존재한다. 그 결과, 기존 프로그램을 무용지물로 만들지 않으면서도 추가 통계량을 기록할 수 있도록 stats 유형의 구현을 모둠 내부적으로 변경할 수 있다.

독립 프로그램 조립

이제는 대화형 오캐믈 체제를 통하지 않고 운영체제 상에서 직접 실행시킬 수 있는 독립 프로그램을 작성할 때가 되었다. 구현 목표는, 원문 장부의 이름을 입력 받아 원문 통계치를 인쇄하는 프로그램이다. 이를 위해 새로운 장부 stats.ml을 추가로 작성하고, Textstat 모듐에서 필요한 함수를 호출할 것이다. 목표 프로그램은 stats.ml와 Textstat 모듐을 조립하여 구축한다. 그림 16.5에 stats.ml 내용이 있다. 거기에 다음과 같은 것들이 새롭게 등장한다.

1. 오캐믈 내장 배열 Sys.argv에는, 명령 행(command line)을 구성하는 명령 인수가 기록되어 있다. 배열의 첫 번째 요소는, 명령 행으로 실행시킨 프로그램 이름이다. 지금은 소용이 없으므로 무시한다. 배열의 두 번째 요소에는, 원문 장부의 이름이 있다. 사용자가 목표 프로그램으로 통계처리하기를 원하는 장부의 이름이다. 그래서 장부 이름은, 배열에 문양 어울림을 적용하여 알아낸다. 배열 요소가 두 개가 아니라면, 잘못된 명령이므로 사용법 안내 문구를 인쇄한다.

2. 오캐믈 표준 문고의 Printexc.to_string 함수는 예외를 문자열로 변환한다. 이를 활용하여 오류 문구를 인쇄한다.

3. 오류가 발생했을 때는 종료 암호(*exit code*)를 0이 아닌 1로 지정하는 것이 관례이다. 지금은 여기에 개의치 않아도 된다.

```
(* 명령 행으로 실행시키는 글 장부 통계치 프로그램 *)
try
  begin match Sys.argv with                           본문 설명 1 참조
    [|_; filename|] ->
        let stats = Textstat.stats_from_file filename in
            print_string "Words: ";
            print_int (Textstat.words stats);
            print_newline ();
            print_string "Characters: ";
            print_int (Textstat.characters stats);
            print_newline ();
            print_string "Sentences: ";
            print_int (Textstat.sentences stats);
            print_newline ();
            print_string "Lines: ";
            print_int (Textstat.lines stats);
            print_newline ()
  | _ ->
    print_string "Usage: stats <filename>";
    print_newline ()
  end
with
  e ->
    print_string "An error occurred: ";
    print_string (Printexc.to_string e);            본문 설명 2 참조
    print_newline ();
    exit 1                                          본문 설명 3 참조
```

그림 16.5 stats.ml

이렇게 구축한 목표 프로그램을 다음과 같이 **ocamlc**를 사용하여 편역하는데, **-o** 선지 (option, 옵션)를 사용하여 실행 프로그램의 이름을 지정한다. 그 결과 독립 프로그램 **stats**를 얻는다.

```
ocamlc textstat.mli textstat.ml stats.ml -o stats
```

이제 다음과 같이 독립 프로그램을 실행해 볼 수 있다.

```
$ ./stats gregor.txt
Words: 80
Characters: 464
Sentences: 4
Lines: 8

$ ./stats not_there.txt
An error occurred: Sys_error("not_there.txt: No such file
                                    or directory")

$ ./stats
Usage: stats <filename>
```

이 출력은 사용 중인 운영체제에 따라 컴퓨터에서 다르게 나타날 수 있다. **ocamlc**와 함께 대부분의 컴퓨터에서 **ocamlopt** 편역기도 사용할 수 있다. 다음과 같이 편역하면 **ocamlc**를 사용한 경우보다 훨씬 빠르며, 오캐믈 체제와는 완전히 무관한 독립적인 실행 프로그램을 얻는다.

```
ocamlopt textstat.mli textstat.ml stats.ml -o stats
```

즉, 다른 컴퓨터에 오캐믈이 설치되어 있지 않아도 중앙처리장치와 운영체제만 같다면 그런 컴퓨터에서도 프로그램이 실행된다는 말이다. 운영체제의 예로서, Windows 또는 Mac OS X를 들 수 있다. 한편 ocamlc 사용의 장점은, 오캐믈 실행 환경이 조성되어 있는 한, 중앙처리장치와 운영체제의 제약 없이 모든 컴퓨터에서 실행할 수 있는 프로그램을 생성한다는 것이다.

연습문제

1. 예제 프로그램을 확장하여 제13장에서 했던 것처럼 막대그림표용 문자 빈도수 자료를 인쇄하도록 하라.

2. 글 장부를 처리하는 독립 프로그램을 작성하고 편역하라. 처리 과정은 글 장부에서 행의 순서를 반전시켜 다른 장부에 쓰는 것이다.

3. 실행 시간이 충분히 긴 프로그램을 작성하여, ocamlc 및 ocamlopt로 서로 다르게 편역된 프로그램의 실행 속도를 비교할 수 있게 하라.

4. 문자열을 탐색하는 독립 프로그램을 작성하라. 글 장부에서 주어진 문자열이 발견된 행은 화면에 출력시켜야 한다.

복습

1 정수는 min_int ... -3 -2 -1 0 1 2 3 ... max_int까지의 수이고 그 유형은 int이다. 부울값은 true 및 false이고 그 유형은 bool이다. 문자는 'X' 및 '!'와 같은 것으로 그 유형은 char이다.

수학 연산자 + - * / mod는, 정수 두 개를 연산재로 취하고 그 결과치는 새로운 정수이다.

연산자 = < <= > >= <> 등으로 두 값을 비교하고 그 결과치는 true 또는 false가 된다.

조건문 **if** expression1 **then** expression2 **else** expression3에서, expression1은 bool 유형이고, expression2와 expression3은 서로 동일한 유형이다.

부울 연산자에는 && 및 ||가 있고 이를 적용하여 합성(compound) 부울 표현식을 만들수 있다.

2 표현식의 평가치에 이름을 부여하는 데 **let** name = expression 구문을 사용한다. 합성 표현식(compound expression)을 작성하는 데에는 **let** name1 = expression1 **in** **let** name2 = expression2 **in** ... 구문을 사용한다.

함수는 **let** name argument1 argument2 ... = expression 형식으로 정의한다. 이러한 함수의 유형은 $\alpha \rightarrow \beta$, $\alpha \rightarrow \beta \rightarrow \gamma$ 또는 ... 등으로 규정되는데, 여기에서 α, β, γ, ... 등도 각각 유형이다.

재귀 함수도 같은 방식으로 정의하지만 let 대신 let rec를 사용한다.

3 문양 어울림 구문 구조의 일반형은, **match** expression1 **with** pattern1 | ... -> expression2 | pattern2 | ... -> expression3 | ...이다. 이 구조 안에서 $pattern_i$ | ... -> $expression_{i+1}$ 형식의 표현식을 볼 수 있는데, 이 경우의 세로대(|, vertical bar)는 문양을 합성하는 문양 연산자이다. 표현식 expression2, expression3, ... 등은 서로 같은 유형이어야 한다. 이것이 표현식 **match** ... **with** ... 전체의 유형이 된다.

4 띠는 같은 유형의 0개 이상의 요소가 순서 있게 나열된 모임이다. 이는 대괄호 사이에서 요소들을 쌍반점으로 구분하여 [1; 2; 3; 4; 5]와 같이 표기한다. 비어 있는 띠가 아니라면, 띠에는 첫 번째 요소인 머리와 머리를 제외한 나머지 요소로 구성된 꼬리가 있는데, 꼬리 또한 띠이다.

"cons" 연산자 ::는 기존 띠 앞에 단일 요소를 추가하는 데 사용한다. "append" 연산자 @는 두 띠를 이어 붙이는 데 사용한다.

문양 어울림에 띠와 함께 "cons" 연산자 ::를 사용할 수도 있는데, 띠의 길이가 0, 1, ... 등인지 확인하거나 띠에 특정 내용이 있는지를 분별하는 데 활용한다.

5 문양 어울림에 한 번에 둘 이상을 고려하는 경우에는, 다음과 같이 고려 대상을 쉼표로 구분하여 사례를 표현한다. **match** a, b **with** 0, 0 -> *expression1* | x, y -> *expression2* | ...

6 무명 함수는 **fun** *name* -> *expression*의 형식으로 정의한다. 연산자는 (<=) 또는 (+)와 같이 여백을 둔 괄호로 묶어 표기하여, 함수가 나타나야 하는 자리에 대신 쓸 수 있다.

7 예외는 **exception** *name*으로 정의한다. 예외가 수반하는 정보의 유형은 **of** *type* 부속 문구로 명시할 수 있다. **raise**로 예외를 발동시킨다. 예외 처리기는 **try** ... **with** ... 구문으로 작성한다.

8 정보 짝은 유한개의 요소를 (a, b), (a, b, c) 등과 같이 결합하는 구조로서 그 유형이 각각 $\alpha \times \beta$, $\alpha \times \beta \times \gamma$ 등이다.

9 함수의 부분 적용이란, 전체 인수가 아닌 일부 인수에만 값을 적용함을 뜻한다. 연산자에서 생성한 함수에 부분 적용을 시행할 수 있다.

10 새로운 유형의 정의는 **type** *name* = *constructor1* **of** *type1* | *constructor2* **of** *type2* | ...의 형식을 따른다. 문양 어울림도 내장 유형에 그랬던 것처럼 자작 유형에 동등하게 적용할 수 있다. 유형을 다형적이 되게 하려면 유형 변수를 정의에 포함시킨다.

11 문자열은 큰따옴표로 묶은 일련의 문자들인데, 그 유형은 **string**이다.

12 헛것은 **unit** 유형에 속하는 것으로 유일한데, 그 값을 ()로 표현한다. 입력 매체의 유형은 **in_channel**이고, 출력 매체의 유형은 **out_channel**이다. 입력 및 출력 매체에 대하여 각각 입출력 작업을 수행할 내장 함수가 준비되어 있다.

13 인용자의 유형은 α **ref**이다. 인용자를 생성하려면 내장 함수 **ref**를 호출한다. 연산자 **!**를 인용자에 적용하여 인용함에 저장된 인용치를 입수한다. 연산자 **:=**를 사용하여 인용함 내용을 변경한다.

표현식을 괄호 대신 **begin ... end** 구문으로 묶으면, 프로그램의 가독성이 증진된다.

부울 조건이 성립하는 동안 어떤 작업을 반복적으로 실행시키는 것은, **while** *boolean expression* **do** *expression* **done** 구문으로 표현한다. 어떤 작업을 주어진 "횟수"만큼 변동 인수로 반복 실행시키는 것은, **for** *name = start* **to** *end* **do** *expression* **done** 구문으로 표현한다.

배열은 유형이 α **array**이다. 배열은 내장 함수 **Array.make**로 만든다. 배열의 길이는 내장 함수 **Array.length**로 알아낸다. 배열 요소를 입수할 때에는 a.(*subscript*)와 같이 첨자로 요소를 지정한다. 배열 요소 값을 갱신할 때는 a.(*subscript*) **<-** *expression*과 같이 새로운 값을 할당한다. 내장 함수 **String.iter**는, 인수로 받은 문자열의 각 문자에 인수로 받은 함수를 적용하는 것이다.

14 부동 소수점 수는 유형이 **float**이고, 절댓값의 범위는 **min_float**에서 **max_float**까지이다. 부동 소수점 수에 대한 산술 연산자에는 **+.**, **-.**, ***.**, **/.**, 그리고 ****** 등이 있고 내장 함수로는 **sqrt**, **log** 등등이 있다.

15 오캐믈 표준 문고의 함수는 *모듬명. 함수명*, 즉 *Module.function* 형식으로 호출하여 사용한다.

16 모듬은 작성 후 **.ml** 장부에 저장한다. 매개체는 작성 후 **.mli** 장부에 수록하며, 유형과 **val**로 시작하는 함수 명세로 구성된다. 오캐믈에는 용법이 다른 두 가지 편역기 **ocamlc** 및 **ocamlopt**가 있다. 주석은 (*와 *) 사이에 기록한다.

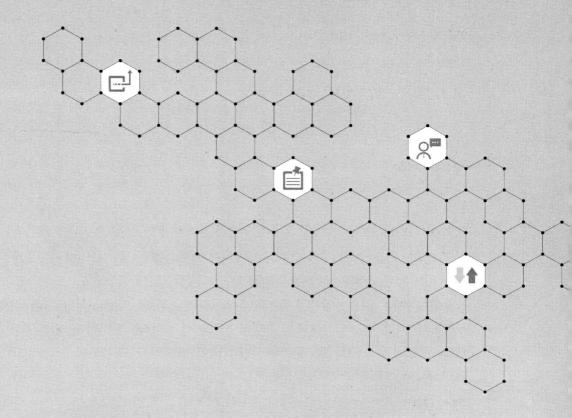

연습문제 해답

문제 해결의 귀띔은 별도로 마련되어 있다.

제1장 (시작)

1

표현식 17은 int 유형이며 이미 그 자체가 평가 결과치이다. 표현식 1 + 2 * 3 + 4는 int 유형이며 곱셈이 먼저 수행되므로 값 11로 평가된다. 표현식 800 / 80 / 8은 int 유형인데, 800 / (80 / 8)이 아니라 (800 / 80) / 8과 동일하기에 1로 평가된다.

표현식 400 > 200은 비교 연산자 >의 결과 유형이므로 유형이 bool이다. 그리고 true로 평가된다. 마찬가지로 1 <> 1은 유형이 bool이며 false로 평가된다. 표현식 true || false는 bool 유형이며 연산재 중 하나가 true이므로 true로 평가된다. 마찬가지로 true && false는 연산재 중 하나가 false이므로 false로 평가된다. 조건부 표현식 if true then false else true는 false로 평가된다. 그 이유는 첫 번째, 즉 then 부분이 선택되어 전체 표현식을 대신하기 때문이다.

표현식 '%'은 char 유형이며 이것도 이미 그 자체가 평가 결과치이다. 표현식 'a' + 'b'에는 유형이 없다. 연산자 +가 연산재가 문자일 때는 작동하지 않고 유형 오류가 발생한다.

2

mod 연산자는 + 연산자보다 우선순위가 높다. 따라서 1 + 2 mod 3과 1 + (2 mod 3)은 동일한 표현식으로서 1 + 2 즉 3으로 평가되지만 (1 + 2) mod 3은 3 mod 3과 같고, 그 값은 0이다.

3

표현식은 11로 평가된다. 프로그래머는 공백이 표현식의 평가 순서에 영향을 준다고 생각하는 것 같다. 사실은 그렇지 않다. 평가 순서를 오해하게 만들어 놓았다.

4

표현식 max_int + 1은 min_int와 같은 수치로 평가된다. 마찬가지로 min_int − 1은 max_int와 같은 수치로 평가된다. 즉, 수직선에서 "양 끝이 붙어 있는" 상태라고 볼 수 있다. 그 결과, 이상한 상황이 전개된다. 즉, max_int + 1 < max_int는 true로 평가되는 것이다. 따라서 프로그램을 작성할 때는, 처리하는 수치가 매우 커질 수 있거나 작아질 수 있을 경우에 유의하여 대비책을 마련해 두어야 한다.

5

오캐믈 시스템은 다음과 같이 문제의 표현식을 용인은 하지만 평가를 실행할 때는 오작동한다.

    OCaml

```
# 1 / 0;;
Exception: Division_by_zero.
```

현재 Division_by_zero라는 *예외(exception)*가 발생하였다. 이는 프로그램에서 어떤 수를 0으로 나누려고 할 때 발생하게 된다. 나중에 제7장에서 예외 처리를 자세히 논의할 것이다. 예외는 프로그램 오류로 발생되는 사건인데, 이 오류는 프로그램 원문을 보는 것만으로는 찾을 수 없고, 오로지 평가 중에 발견되는 것이다.

6

표현식 x mod y에 대하여 생각한다.

$y = 0$인 경우 오캐믈은 Exception: Division_by_zero를 출력한다.

$y <> 0$, $x < 0$인 경우 결과치는 음수이다.

$y <> 0$, $x = 0$인 경우 결과치는 0이다.

이것은 간단한 수학 연산자조차 프로그래밍에 사용할 때에는 그 의미가 세심하게 그리고 명백하게 정의되어 있어야 함을 보인다.

7

예상치 못한 값을 방지하기 위함이다. 만일 프로그램에서 1과 0 이외의 정수가 진릿값 계산 결과로 나오면 어떻게 될까? 결과치의 의미는 무엇일까? true일까? false일까? 따라서 별도의 유형을 도입하여 이러한 문제를 예방하는 것이 좋다. 그러면 프로그램이 올바르다는 것을 더 쉽게 증명할 수 있게도 된다.

8

소문자는 영문자 순서로 수치 암호가 부여되어 있다. 그래서 예를 들어 'p' < 'q'의 평가치는 true이다. 대문자도 같은 방법으로 그 순서가 정해져 있다. 대문자는 모두 소문자보다 암호 수치가 "작다". 예를 들어 'A' < 'a'는 true로 평가된다. bool 유형의 경우에도, false는 true"보다 작다"로 볼 수 있게 그 순서가 정해져 있다.

제2장 (이름과 함수)

1

다음과 같은 함수를 작성한다. 정수를 받아서 그것에 10을 곱한 값을 반환하는 것이다. 이 함수는 정수를 받고 정수를 반환하므로 함수의 유형은 int → int이다.

OCaml

```
# let times_ten x = x * 10;;
val times_ten : int -> int = <fun>
```

2

다음과 같은 함수를 작성한다. 정수 인자 두 개를 받아서, && 및 <> 연산자를 사용하여 모두 0이 아닌지 검사하는 것이다. 검사 결과는 bool 유형이다. 따라서 전체 유형은 int → int → bool이다.

```
        OCaml

# let both_non_zero x y =
    x <> 0 && y <> 0;;
val both_non_zero : int -> int -> bool = <fun>
```

3

문제의 함수는 정수를 받아서, 또 다른 정수, 즉 합계를 반환해야 한다. 따라서 유형은 int →
int이다. 함수의 기저 사례(base case)는 인수가 1인 경우를 다룬다. 즉, 1에서 1까지의 합은
바로 1이다. 인수가 1이 아니면, 인숫값을 1에서 $(n-1)$까지의 합에 더한다. 이 함수는 재귀
적이므로 let 대신 let rec를 사용한다. 주어진 인수가 0 또는 음수이면 어떻게 될까?

```
        OCaml

# let rec sum n =
    if n = 1 then 1 else n + sum (n - 1);;
val sum : int -> int = <fun>
```

4

함수의 유형은 int → int → int이다. x가 0이 아닐 때, x의 0승 값은 1이고, x의 1승 값은
x값 자체이다. 그런데 0과 1이 아닌 다른 자연수 n일 때, x의 n승 값은 x에 x^{n-1}을 곱해서
구한다.

```
        OCaml

# let rec power x n =
    if n = 0 then 1 else
      (if n = 1 then x else
          x * power x (n - 1));;
val power : int -> int -> int = <fun>
```

유의할 점은, 세 가지 경우를 처리하기 위하여 조건문 **if ... then ... else ...** 를 다른 조건문의 **else** 부에 썼다는 것이다. 그런데 괄호가 실제로는 필요 없으므로 다음과 같이 작성할 수도 있다.

OCaml

```
# let rec power x n =
    if n = 0 then 1 else
      if n = 1 then x else
        x * power x (n - 1);;
val power : int -> int -> int = <fun>
```

사실, n = 1인 경우는 제거할 수 있는데, 그 이유는 n = 0인 경우로 환산되기 때문이다. 즉, power x 1은, x * power x 0으로 환산되고 그 값은 x이다.

5

isconsonant 함수는 유형이 char → bool이다. 'a'...'z' 범위의 소문자가 모음이 아니면 자음이다. 따라서 본문에서 공부한 isvowel 함수를 재사용할 수 있겠다. 즉, not 함수를 사용하여 isvowel 함수 결과를 부정하면 된다.

OCaml

```
# let isconsonant c = not (isvowel c);;
val isconsonant : char -> bool = <fun>
```

6

표현식은 **let** x = 1 **in** (**let** x = 2 **in** x + x)와 같으므로 결과는 4이다. 표현식 x + x에 있는 x의 두 사례는 각각 2로 평가된다. 그 이유는, x라는 이름에서 가장 가깝게 둘러싼 **let** 표현식에서 x라는 이름에 2라고 지정했기 때문이다.

7

인수가 음수일 때는 그저 0을 반환하게 할 수 있겠다. 인수가 0일 때는, 통상 0! = 1이라고 정의하므로 1을 반환하게 확장하면 된다. 이렇게 하면, 문제의 비종료 사태를 방지할 수 있다. 다음과 같이 새롭게 확장한 함수는, 무난히 비음수(non-negative)의 계승을 산출하게 되었다.

OCaml

```
# let rec factorial x =
      if x < 0 then 0 else
          if x = 0 then 1 else
              x * factorial (x - 1);;
val factorial : int -> int = <fun>
```

유의할 점은, 계승 계산을 할 수 없는 경우가 또 있다는 것이다. 계산 결과치가 너무 크면 두루마리(wrap-around) 현상이 나타난다. 예를 들어, 저자의 컴퓨터에서 **factorial 40**은 −2188836759280812032로 계산된다.

제3장 (사례별 처리)

1

다음과 같은 함수를 작성한다. 부울값에 문양 어울림을 적용할 수 있다. 이 경우, 비교 순서는 중요하지 않다.

```
not : bool → bool
let not x =
   match x with
      true -> false
   |  false -> true
```

2

다음과 같은 함수를 제2장 연습문제에서 작성해 본 적이 있다.

```
sum : int → int

let rec sum n =
   if n = 1 then 1 else n + sum (n - 1)
```

조건문 **if ... then ... else ...** 대신에 문양 어울림을 사용하여 다시 정의하면 다음과 같이 된다.

```
sum_match : int → int

let rec sum_match n =
   match n with
      1 -> 1
   | _ -> n + sum_match (n - 1)
```

3

제2번 문제의 경우와 같이, 제2장 연습문제에서 작성해 본 함수를 문양 어울림을 사용하여 재정의하겠다.

```
power_match : int → int → int

let rec power_match x n =
   match n with
      0 -> 1
   | 1 -> x
   | _ -> x * power_match x (n - 1)
```

4

(생략)

5

문제의 표현식을 정돈하면 다음과 같이 된다.

```
match 1 + 1 with
   2 ->
     (match 2 + 2 with
          3 -> 4
      |   4 -> 5)
```

어울림 사례(match case)는 최근접 **match** 표현식에 소속한다. 즉, 어울림 사례 5는 두 번째 **match** 표현식에 소속한다는 말이다. 결국, 문제의 표현식은 5로 평가된다.

6

char → bool 유형의 두 함수를 다음과 같이 작성한다.

```
isupper : char → bool
islower : char → bool

let isupper c =
   match c with
     'A'..'Z' -> true
   | _ -> false

let islower c =
   match c with
     'a'..'z' -> true
   | _ -> false
```

또는 다음과 같이 작성할 수도 있다.

```
isupper : char → bool
islower : char → bool

let isupper c =
   match c with
      'A'..'Z' -> true
   | _ -> false

let islower c =
   not (isupper c)
```

제4장 (띠 만들기)

1

even_elements 함수는 다음과 같이 odd_elements 함수와 유사하게 정의한다.

```
even_elements : α list → α list

let rec even_elements l =
   match l with
     [] -> []                              띠가 비어 있을 경우, 빈 띠를 반환한다.
   | [_] -> []                             띠에 요소가 한 개 있을 경우, 요소를 생략한다.
   | _::b::t -> b :: even_elements t        띠의 요소가 두 개 이상일 경우
                       홀수 번째 요소는 생략하고, 짝수 번째 요소 b는 수집하고
                       꼬리 t를 재귀적으로 처리한 결과와 결합시켜 띠로 만든다.
```

이미 언급해 둔 기법이지만, 검토할 사례의 순서를 바꾸면, 다음과 같이 검토 사례를 두 가지로 줄일 수 있다.

```
even_elements : α list → α list

let rec even_elements l =
  match l with
    _::b::t -> b :: even_elements t        띠의 요소가 두 개 이상일 경우
                                    홀수 번째 요소는 생략하고, 짝수 번째 요소 b는 수집하고
                                    꼬리 t를 재귀적으로 처리한 결과와 결합시켜 띠로 만든다.
  | _ -> []                              그 이외의 경우에는, 요소를 생략한다.
```

2

count_true 함수는 띠의 길이를 재는 함수와 같지만 현재 요소가 **true**인 경우에만 셈에 넣는 것이 다르다.

```
count_true : bool list → int

let rec count_true l =
  match l with
    [] -> 0                            조사할 요소가 더 이상 없다.
  | true::t -> 1 + count_true t              true는 셈에 넣는다.
  | false::t -> count_true t              false는 무시한다.
```

보조 함수에서 누적 인수를 사용하면 다음과 같이 꼬리 재귀 함수로 만들 수도 있다.

```
count_true_inner : int → bool list → int
count_true : bool list → int

let rec count_true_inner n l =
  match l with
    [] -> n                 조사할 요소가 더 이상 없으면, 누산기 값을 반환한다.
  | true::t -> count_true_inner (n + 1) t          true는 셈에 넣는다.
  | false::t -> count_true_inner n t              false는 무시한다.
```

```
let count_true l =
    count_true_inner 0 l                        누산기를 0으로 초기화한다.
```

3

어떤 띠 L을 가지고 회문을 만들려면, L을 반전시킨 띠 L^R에 그 띠 L을 부가하여 L L^R을 만들면 된다. 주어진 띠 L이 회문인지 확인하려면, L이 L^R과 같은지 비교하면 알 수 있다. 이때 사용하는 비교 연산자 =는 거의 모든 유형에서 작동한다.

```
mk_palindrome :  α  list  →  α  list

is_palindrome :  α  list  →  bool

let mk_palindrome l =
    l @ rev l

let is_palindrome l =
    l = rev l
```

4

drop_last 함수 안에서 문양 어울림으로 세 가지 경우를 분별한다. 즉, 띠가 비어 있는 경우, 마지막 요소에 도달한 경우, 그리고 아직 마지막 요소에 도달하지 못한 경우 등이다.

```
drop_last :  α  list  →  α  list

let rec drop_last l =
    match l with
      [] -> []                                마지막 요소가 없다.
    | [_] -> []                    마지막 요소에 도달했으므로 요소를 제거한다.
    | h::t -> h :: drop_last t            적어도 요소 2개는 남아 있다.
```

보조 함수에서 누적 인수를 사용하면 다음과 같이 꼬리 재귀 함수로 만들 수도 있다. 재귀 과정에서 띠의 마지막 요소에 도달하면 그 요소를 제거하고, 누산기 값을 반전시켜 반환한다. 단, 반전시킬 때 사용한 rev 함수도 물론, 꼬리 재귀적이라고 가정하였다.

```
drop_last_inner : α list → α list → α list

drop_last : α list → α list

let rec drop_last_inner a l =
  match l with
    [] -> []                              마지막 요소가 없다.
  | [_] -> rev a            마지막 요소에 도달했으므로 요소를 제거하고,
                                   누산기 값을 반전시켜 반환한다.
  | h::t -> drop_last_inner (h::a) t        적어도 요소 2개는 남아 있다.

let drop_last l =
  drop_last_inner [] l
```

5

빈 띠에는 요소가 없다. 따라서 찾고자 하는 요소가 없다. 빈 띠가 아닐 경우에는, 그 띠의 머리 요소가 찾고자 하는 요소와 같거나 그렇지 않은 경우, member 함수의 결과는 그 띠의 꼬리를 대상으로 member 함수를 적용한 결과와 동일하다. 즉, 꼬리를 인수로 하여 member 함수를 재귀적으로 적용한다는 말이다.

유의할 점이 있다. 논리 연산자 ||는, 왼쪽 연산재의 값이 거짓인 경우에만 오른쪽 연산재를 평가한다는 사실이다. 이러한 특성을 활용하면 재귀 호출을 제한할 수 있다. 다음과 같이 함수 정의부에는, 띠의 머리 요소가 찾고자 하는 요소가 아닐 때만 재귀 호출을 하도록 조처해 두었다. 그래서 member 함수는 요소를 찾자마자 재귀 호출을 하지 않고 바로 true를 반환할 것이다.

```
member : α → α list → bool

let rec member e l =
    match l with
      [] -> false
    | h::t -> h = e || member e t
```

6

빈 띠에는 중복 요소가 없다. 따라서 이미 중복 요소가 없는 띠, 즉 집합이다. 빈 띠가 아닐 경우에는, 머리 요소가 꼬리 어딘가에 존재할 수도 있고 또는 그렇지 않을 수도 있다. 꼬리에 있으면 나중에 그 요소를 다시 고려할 것이기 때문에 지금은 버릴 수 있다. 그렇지 않고 꼬리에 없는 경우에는 현재까지 만든 집합에 포함시켜야 한다.

```
make_set : α list → α list

let rec make_set l =
    match l with
      [] -> []
    | h::t -> if member h t then make_set t
              else h :: make_set t
```

예를 들어, make_set [4; 5; 6; 5; 4]의 평가 과정을 검토해 보자.

$$
\begin{aligned}
&\text{make\_set } [4;\ 5;\ 6;\ 5;\ 4] \\
\Longrightarrow\ &\text{make\_set } [5;\ 6;\ 5;\ 4] \\
\Longrightarrow\ &\text{make\_set } [6;\ 5;\ 4] \\
\Longrightarrow\ &6 :: \text{make\_set } [5;\ 4] \\
\Longrightarrow\ &6 :: 5 :: \text{make\_set } [4] \\
\Longrightarrow\ &6 :: 5 :: 4 :: \text{make\_set } [] \\
\Longrightarrow\ &6 :: 5 :: 4 :: [] \\
\overset{*}{\Longrightarrow}\ &[6;\ 5;\ 4]
\end{aligned}
$$

7

함수 rev의 실행 과정은 크게 두 단계로 나눌 수 있다. 다음 도해를 보자. 첫째 단계에서는 재귀 호출을 하면서 띠의 각 요소를 한 번에 하나씩 처리한다. 따라서 처리 시간은 띠의 길이에 비례한다. 그런데 둘째 단계에서는, 띠를 연결하는 부가 작업이 시작되는데, 부가 연산자 @의 왼쪽 연산재의 길이가 매번 증가하는 순서로 작업이 진행된다. 이미 논의한 바와 같이, 부가 연산의 소요 시간은 왼쪽 연산재의 길이에 비례한다. 따라서 부가 연산으로 띠를 누적시키는 이러한 작업에는, 띠 길이의 제곱에 비례하는 시간이 걸린다.

$$
\begin{aligned}
&\text{rev [1; 2; 3; 4]}\\
\Longrightarrow\ &\text{rev [2; 3; 4] @ [1]}\\
\Longrightarrow\ &\text{(rev [3; 4] @ [2]) @ [1]}\\
\Longrightarrow\ &\text{((rev [4] @ [3]) @ [2]) @ [1]}\\
\Longrightarrow\ &\text{(((rev [] @[4]) @ [3]) @ [2]) @ [1]}\\
\Longrightarrow\ &\text{(((([] @ [4]) @ [3]) @ [2]) @ [1]}\\
\Longrightarrow\ &\text{(([4] @ [3]) @ [2]) @ [1]}\\
\Longrightarrow\ &\text{([4; 3] @ [2]) @ [1]}\\
\Longrightarrow\ &\text{[4; 3; 2] @ [1]}\\
\Longrightarrow\ &\text{[4; 3; 2; 1]}
\end{aligned}
$$

다음과 같이 누산기 인수를 추가로 사용하여 함수 실행의 소요 시간이 띠의 길이에 비례하여 정해지도록 개선 판을 작성할 수 있다.

```
rev_inner : α list → α list → α list
rev : α list → α list

let rec rev_inner a l =
  match l with
    [] -> a
  | h::t -> rev_inner (h :: a) t

let rev l =
  rev_inner [] l
```

다음 도해는 함수 rev의 개선 판으로 앞의 예에서 사용했던 띠를 반전시키는 과정이다.

$$
\begin{aligned}
& \underline{\text{rev } [1;\ 2;\ 3;\ 4]} \\
\Longrightarrow\ & \underline{\text{rev\_inner } []\ [1;\ 2;\ 3;\ 4]} \\
\Longrightarrow\ & \underline{\text{rev\_inner } [1]\ [2;\ 3;\ 4]} \\
\Longrightarrow\ & \underline{\text{rev\_inner } [2;\ 1]\ [3;\ 4]} \\
\Longrightarrow\ & \underline{\text{rev\_inner } [3;\ 2;\ 1]\ [4]} \\
\Longrightarrow\ & \underline{\text{rev\_inner } [4;\ 3;\ 2;\ 1]\ []} \\
\Longrightarrow\ & [4;\ 3;\ 2;\ 1]
\end{aligned}
$$

제5장 (정렬)

1

다음과 같이 **let** 표현식을 추가하여, take 함수와 drop 함수에서 사용할 수치에 이름을 정하면 된다.

```
msort : α list → α list

let rec msort l =
  match l with
    [] -> []                          띠가 비어 있으면 정렬된 것이다.
  | [x] -> [x]                        또한 요소가 하나뿐인 경우에도 정렬된 것이다.
  | _ ->
      let x = length l / 2 in
        let left = take x l in                        왼쪽을 구하고
          let right = drop x l in                 오른쪽을 구한 다음
            merge (msort left) (msort right)       정렬하여 병합하라.
```

2

가져오거나 또는 버리는 요소의 개수는 length l / 2인데, 이 값은 l이 어떤 따라고 할지라도 length l보다 분명히 작거나 같다. 따라서 take 함수와 drop 함수는 항상 정상적으로 작동하게 되어 있다. msort 함수의 경우, 문양 어울림을 적용하여 length l의 값이 1을 초과하는 경우에만 take 함수와 drop 함수를 호출한다.

3

본문에 제시된 삽입 정렬 함수 insert에서 다음과 같이 그저 <= 연산자를 >= 연산자로 바꾸면 되겠다. sort 함수는 수정할 필요가 없다.

```
insert : α → α list → α list

let rec insert x l =
  match l with
    [] -> [x]
  | h::t ->
      if x >= h
        then x :: h :: t
        else h :: insert x t
```

4

정의할 함수 is_sorted는 유형이 α list → bool이어야 한다. 길이가 0 또는 1인 띠는, 정의에 따라 이미 정렬된 상태이다. 길이가 2 이상인 경우, 처음 두 요소가 정렬되어 있는지 확인해 본다. 정렬되어 있으면, 두 번째 요소부터 시작하여 띠의 나머지 부분이 정렬되어 있는지 확인하면 된다. 이렇게 정의한 함수가 다음에 있다.

```
is_sorted : α list → bool

let rec is_sorted l =
   match l with
      [] -> true
   | [x] -> true
   | a::b::t -> a <= b && is_sorted (b::t)
```

다음과 같이 어울림 사례 순서를 바꾸면 함수가 간단해진다.

```
is_sorted : α list → bool

let rec is_sorted l =
   match l with
      a::b::t -> a <= b && is_sorted (b::t)
   | _ -> true
```

5

띠를 비교할 때는, 첫 번째 요소끼리 비교를 시작한다. 요소가 다르면, 요소 비교 결과를 전체 비교 결과 즉, 띠에 대한 비교 결과로 정한다. 첫 번째 요소가 같은 경우, 두 번째 요소에서부터 전술한 비교 방법을 순차적으로 시행한다. 어떤 띠의 끝이 다른 띠보다 먼저 확인되면 짧은 띠가 더 작다고 간주한다. 예를 들면 다음과 같다.

[1] < [2] < [2; 1] < [2; 2]

이러한 비교 방법은, 사전에서 단어를 찾는 방법과 그 원리가 같다. 단어를 찾을 때도 첫 글자를 확인하고, 일치하면 두 번째 글자를 확인하고... 등등의 과정을 거친다. 따라서 문제의 예에 적용하면 다음과 같이 단어를 영문자 순서로 정렬하는 효과가 있다.

[['o'; 'n'; 'e']; ['t'; 'h'; 'r'; 'e'; 'e']; ['t'; 'w'; 'o']]

6

다음과 같이 **let rec** 구문은 **let** 구문과 마찬가지로 중첩시킬 수 있다. 혼동을 피하기 위해 insert 함수의 두 번째 인수 이름을 변경하였다.

```
sort : α list → α list

let rec sort l =
   let rec insert x s =
      match s with
        [] -> [x]
      | h::t ->
             if x <= h
                then x :: h :: t
                else h :: insert x t
   in
      match l with
        [] -> []
      | h::t -> insert h (sort t)
```

제6장 (함수 합성)

1

함수 calm은 유형이 char list → char list일 것이다. 함수는 인수와 문양 어울림을 시행하는 것으로 시작한다. 인수가 비어 있는 따라면 처리를 완료한 것이다. 인수가 느낌표로 시작하는 따라면, 느낌표를 마침표로 바꾸고 띠에 대한 처리를 계속한다. 그렇지 않으면, 문자를 바꾸지 않고 띠에 대한 처리를 계속한다.

```
calm : char list → char list

let rec calm l =
  match l with
    [] -> []
  | '!'::t -> '.' :: calm t
  | h::t -> h :: calm t
```

한편, map 함수를 활용하면 다르게 구현할 수도 있다. 이를 위해 개별 문자를 처리하는 간단한 함수 calm_char를 작성한다. 그런 다음 map을 호출하는 주 함수 calm을 작성한다.

```
calm_char : char → char
calm : char list → char list

let calm_char x =
  match x with '!' -> '.' | _ -> x

let calm l =
  map calm_char l
```

이렇게 바꾸면 원본에 있었던 명시적인 재귀 호출을 피할 수 있으므로 진행 상황을 보다 쉽게 확인할 수 있게 되었다.

2

함수 clip은 유형이 int → int이며 쉽게 작성할 수 있다.

```
clip : int → int

let clip x =
  if x < 1 then 1 else
    if x > 10 then 10 else x
```

이제 cliplist 함수 정의에 다음과 같이 map 함수를 사용할 수 있다.

```
cliplist : int list → int list

let cliplist l =
   map clip l
```

3

함수 clip의 정의부를 그저 다음과 같이 무명 함수의 정의부로 만들어 넣는다.

```
cliplist : int list → int list

let cliplist l =
   map
      ( fun x ->
          if x < 1 then 1 else
             if x > 10 then 10 else x )
      l
```

4

함수 apply f n x는, 함수 f를 초깃값 x에서부터 총 n회 누적 적용한다. 기저 사례는 n이 0일 때이다.

```
apply : (α → α) → int → α → α

let rec apply f n x =
   if n = 0
      then x                          x에 함수를 0번 적용하면 x 그대로이다.
      else f (apply f (n - 1) x)      문제의 크기를 한 단위 축소한다.
```

다음 유형을 생각해 보자.

$$\overbrace{(\alpha \rightarrow \alpha)}^{\text{함수 f}} \rightarrow \overbrace{\mathbf{int}}^{n} \rightarrow \overbrace{\alpha}^{x} \rightarrow \overbrace{\alpha}^{\text{결과치}}$$

함수 f는 인수와 결과치가 동일한 유형 α이어야 한다. 그 이유는 어떤 회차의 반복 결과치는 다음 회차의 인수로 되먹임(feed-back)되기 때문이다. 따라서 인수 x와 최종 결과치도 유형 α이어야 한다. 예를 들어 α = int의 경우에 대해서, 다음과 같은 거듭제곱 함수를 생각할 수 있겠다.

```
power : int → int → int

let power a b =
    apply (fun x -> x * a) b 1
```

이렇게 하면 power a b가 a^b를 계산한다.

5

함수 insert에 다음과 같이 비교 함수 인수를 추가하고 비교 연산자 대신 사용할 수 있게 한다.

```
insert : (α → α → bool) → α → α list → α list

let rec insert f x l =                    비교 함수를 인수로 추가한다.
    match l with
      [] -> [x]
    | h::t ->
        if f x h
          then x :: h :: t
          else h :: insert f x t          비교 함수도 인수임을 상기하자.
```

이제 함수 sort를 다시 작성하기만 하면 된다.

```
sort : (α → α → bool) → α list → α list

let rec sort f l =
    match l with
      [] -> []
    | h::t -> insert f h (sort f t)
```

6

이 문제에서는 map 함수로 바로 결과를 얻을 수는 없다. 그 이유는, 요소가 걸러져서 결과 띠와 인수 띠의 길이가 서로 다른 경우도 있기 때문이다. 문제의 함수 filter의 유형은 $(α → bool) → α\ list → α\ list$이다.

```
filter : (α → bool) → α list → α list

let rec filter f l =
    match l with
      [] -> []
    | h::t ->
        if f h
           then h :: filter f t
           else filter f t
```

예를 들어, filter (fun x -> x mod 2 = 0) [1; 2; 4; 5]의 결과치는 [2; 4]이다.

7

문제의 함수 for_all의 유형은 $(α → bool) → α\ list → bool$이다.

```
for_all : (α → bool) → α list → bool

let rec for_all f l =
  match l with
    [] -> true
  | h::t -> f h && for_all f t
```

이것과 다른 모든 것들도 함수 결과치가 true이어야 한다.

활용 예를 든다면, for_all 함수로 띠의 모든 요소가 양수인지 확인할 수 있겠다. 즉, for_all (fun x -> x > 0) [1; 2; -1]은 false로 평가된다. 유의할 점이 있다. 논리 연산자 &&는 왼쪽 연산재의 값이 참일 때만 오른쪽 연산재를 평가한다는 사실이다. for_all 함수에서는 이러한 특성을 활용하여 재귀 호출을 제한하고 있다. 논리 연산자 ||의 경우는, 제4장 연습문제 5번에서 이미 본 적이 있다.

8

작성할 함수 mapl의 유형은 (α → β) → α list list → β list list이다. 함수 mapl은 띠의 각 요소에 map 함수를 적용한다.

```
mapl : (α → β) → α list list → β list list

let rec mapl f l =
  match l with
    [] -> []
  | h::t -> map f h :: mapl f t
```

참고로, 함수 mapl은 외부 띠를 처리하는 데 있어서 명시적으로 재귀 호출을 하지만, 각각의 내부 띠를 처리할 때는 map 함수를 적용한다.

제7장 (오류 수정)

1

주 함수 smallest와 보조 함수 smallest_inner로 나누어 작성한다. smallest_inner 함수는 인수가 세 개이다. 즉, 현재까지 발견한 가장 작은 양의 정수 current, 목표 정수를 찾았는지 여부를 나타내는 부울값 found, 그리고 탐색할 정수 띠 l 등이 주어진다. smallest_inner 함수에서 current의 초깃값은 max_int이다. 이렇게 해도 되는 이유는 다음과 같다. 찾아야 할 최소 양수를 포함하여 어떤 정수라도 max_int 이하이다. smallest 함수는 최소 양수를 찾기 위하여 정수 띠 l의 요소를 순차적으로 current와 비교한다. 이 과정에서 작거나 같은 양수 요소 h가 발견되면 current를 h로 갱신한다. 그런데 찾아야 할 최소 양수를 포함하여 어떤 정수라도 max_int 이하이다. 따라서 current의 초깃값을 max_int로 정해도, 찾아야 할 최소 양수가 current 값으로 갱신되는 데 방해를 하지 않게 되는 것이다. 이러한 current와 함께 smallest_inner 함수에서 found의 초깃값은 false이다. 그 이유는 탐색 초기에는 아직 아무것도 발견하지 못한 상태이기 때문이다.

```
smallest_inner : int → bool → int list → int
smallest : int list → int

let rec smallest_inner current found l =
  match l with
    [] ->
      if found then current else raise Not_found
  | h::t ->
      if h > 0 && h <= current
        then smallest_inner h true t
        else smallest_inner current found t

let smallest l =
  smallest_inner max_int false l
```

이렇게 구현하면, smallest_inner 함수가 빈 띠 또는 비어 있지 않지만 양의 정수가 없는 경우에는 예외를 발생시키고, 그렇지 않으면 띠에서 가장 작은 양의 정수를 반환한다.

2

다음과 같이 smallest 함수 호출을, Not_found에 대한 예외 처리기로 둘러싸면 된다.

```
smallest_or_zero : int list → int

let smallest_or_zero l =
    try smallest l with Not_found -> 0
```

3

먼저, 보조 함수 sqrt_inner를 작성한다. 이 함수는 후보 수 x와 목표 수 n을 인수로 받아서, x를 제곱하면 n을 초과하는지 확인한다. 만일 초과하면 x - 1을 반환한다. 그렇지 않으면 후보 수를 x + 1로 정하고, 목표 수는 같은 n을 가지고, sqrt_inner를 재귀 호출한다. 후보 수의 초깃값은 1이다. 주 함수 sqrt는, 인수가 0보다 작으면 예외를 발생시키고, 그렇지 않으면 보조 함수 sqrt_inner를 호출하여 후보 수를 선별하는 과정을 시작한다.

```
sqrt_inner : int → int → int
sqrt : int → int

let rec sqrt_inner x n =
    if x * x > n then x - 1 else sqrt_inner (x + 1) n

exception Complex

let sqrt n =
    if n < 0 then raise Complex else sqrt_inner 1 n
```

4

다음과 같이 sqrt 함수 호출을, Complex에 대한 예외 처리기로 둘러싸면 된다. 그러면 예외 처리로 0을 반환한다.

```
safe_sqrt: int → int

let safe_sqrt n =
    try sqrt n with Complex -> 0
```

5

(생략)

제8장 (탐색)

1

사전에서 각 열쇠는 유일하기 때문에, 서로 다른 열쇠의 개수는 바로 사전을 저장하는 띠의 길이와 같다. 따라서 사전 열쇠의 개수는 일반적으로 띠의 길이를 구하는 함수 length 만으로도 알아낼 수 있다.

2

함수 replace의 유형은 add 함수와 동일하다. 그러나 빈 띠에 도달하면 예외 처리를 발동하는데, 그 이유는 띠 끝에 도달할 때까지 대체할 항목의 열쇠를 확인하지 못 한 경우이기 때문이다.

```
replace : α → β → (α × β) list → (α × β) list

let rec replace k v l =
    match l with
```

```
      [] -> raise Not_found                    대체할 항목이 없다. 대체 실패.
    | (k', v')::t ->
        if k = k'
          then (k, v) :: t                    대체할 항목을 발견했으니, 대체한다.
          else (k', v') :: replace k v t              그렇지 않으면,
                                        항목을 유지하고 꼬리에서 처리를 계속하라.
```

3

사전 구축 함수 mkdict은 열쇠 띠와 값 띠가 주어질 때, 사전을 반환한다. 따라서 그 유형은 α list $\rightarrow$ β list $\rightarrow$ ($\alpha \times \beta$) list가 된다. 함수 정의는 다음과 같다.

```
mkdict : α list → β list → (α × β) list

let rec mkdict keys values =
    match keys, values with
      [], [] -> []
    | [], _ -> raise (Invalid_argument "mkdict")        길이 불일치
    | _, [] -> raise (Invalid_argument "mkdict")        길이 불일치
    | k::ks, v::vs -> (k, v) :: mkdict ks vs         머리 항목 작성 후,
                                     처리를 계속하여 꼬리를 완성하라.
```

4

사전 해체 함수 mklists의 유형은 ($\alpha \times \beta$) list $\rightarrow$ α list $\times$ β list이다. 이 문제에서 처음으로, 정보 쌍을 반환해야 하는데, 정보 쌍을 이루는 두 개의 결과 띠는, 요소를 하나씩 모아서 구성해 내는 것이다. 이를 구현하는 것은 꽤 어렵다. 그 이유는, 각 단계에서 필요한 만큼의 결과 띠의 꼬리가 있어야 되기 때문이다. 그 꼬리가 있으면, 그 단계에서 발견한 요소를 머리로 첨가하여, 그 단계의 중간 결과 띠를 만들 수 있는 것이다. 이러한 어려움은 다음과 같이, 안쪽에 위치한 문양 어울림 안에서 재귀 호출을 함으로써 해소할 수 있다.

```
mklists : (α × β) list → α list × β list

let rec mklists l =
  match l with
    [] -> ([], [])                              비어 있는 정보 쌍을 생성한다.
  | (k, v)::more ->                             사전에서 열쇠-값 정보 쌍을 발견한다.
      match mklists more with                   사전의 나머지 부분을 해체한다.
        (ks, vs) -> (k :: ks, v :: vs)          해체 결과의 앞에
                                                k와 v를 각각 첨가한다.
```

평가 실행 예를 다음에 보였다. 기존 방법으로는 실제 그대로를 표현할 수 없었다. 함수 정의를 살펴보면서 실행 결과를 추적해야 한다.

$$
\begin{aligned}
&\text{mklists } [(1,\ 2);\ (3,\ 4);\ (5,\ 6)] \\
\Longrightarrow\quad &\text{mklists } [(3,\ 4);\ (5,\ 6)] \\
\Longrightarrow\quad &\text{mklists } [(5,\ 6)] \\
\Longrightarrow\quad &\text{mklists } [] \\
\Longrightarrow\quad &([],\ []) \\
\Longrightarrow\quad &([5],\ [6]) \\
\Longrightarrow\quad &([3;\ 5],\ [4;\ 6]) \\
\Longrightarrow\quad &([1;\ 3;\ 5],\ [2;\ 4;\ 6])
\end{aligned}
$$

안쪽에 위치한 문양 어울림은, 어울림 사례가 하나만으로 완성되었으므로 **match** 구문 대신에 다음과 같이 **let** 구문으로 표현할 수 있다.

```
mklists : (α × β) list → α list × β list

let rec mklists l =
  match l with
    [] -> ([], [])                              비어 있는 정보 쌍을 생성한다.
  | (k, v)::more ->                             사전에서 열쇠-값 정보 쌍을 발견한다.
      let (ks, vs) = mklists more in            사전의 나머지 부분을 해체한다.
        (k :: ks, v :: vs)                      해체 결과의 앞에 k와 v를 각각 첨가한다.
```

5

띠를 입력하면 사전으로 변환해 주는 함수를 작성한다. 이 함수는 입력한 띠를 요소 순서
대로 확인하면서, 열쇠-값 정보 쌍을 수록하는 결과 띠를 만들어 갈 것이다. 이 과정에서
이미 확인한 열쇠는 별도의 기존 열쇠 띠에 수록한다. 또한 member 함수로 어떤 열쇠가 기
존 열쇠 띠에 속한 것인지를 판별한다. 이렇게 함으로써 처음 보는 열쇠가 있는 정보 쌍만
을 결과 띠에 첨가할 수 있다.

```
dictionary_of_pairs_inner : α list → (α × β) list → (α × β) list
dictionary_of_pairs : (α × β) list → (α × β) list

let rec dictionary_of_pairs_inner keys_seen l =
    match l with
      [] -> []
    | (k, v)::t ->
          if member k keys_seen
             then dictionary_of_pairs_inner keys_seen t
             else (k, v) ::
                    dictionary_of_pairs_inner (k :: keys_seen) t
let dictionary_of_pairs l =
    dictionary_of_pairs_inner [] l
```

이 함수의 실행 시간은 얼마일까? member 함수의 소요 시간에 착안하면 되겠다.

6

사전을 통합하는 함수 union은, 첫 번째 사전을 수록한 띠 a에 대하여 문양 어울림을 시행
한다. 만일 빈 띠라면, 통합 결과가 바로 두 번째 사전을 수록한 띠 b이다. 그렇지 않으면 a
의 머리 요소를, add 함수를 이용하여 a의 꼬리와 b로 만든 통합 사전에 추가한다.

```
union : (α × β) list → (α × β) list → (α × β) list

let rec union a b =
  match a with
    [] -> b
  | (k, v)::t -> add k v (union t b)
```

이제 검증해야 할 것은, 함수 union이 사전 a의 항목을 사전 b의 항목보다 우선시한다는 사실이다. 이는 add 함수의 다음과 같은 특성을 감안하면 확인할 수 있는 사실이다. 즉, add 함수는 열쇠가 같은 항목이 이미 사전에 등록되어 있는 경우, 기존 항목을 대체한다.

제9장 (고계 함수)

1

함수 g a b c는 유형이 α → β → γ → δ인데, 유형을 α → (β → (γ → δ))라고도 쓸 수 있다. 따라서 함수 g a b c는 α 유형의 인수를 취하여 β → (γ → δ) 유형의 함수를 반환한다. 이 함수에 β 유형의 인수를 주면 γ → δ 유형의 함수를 반환한다. 반환된 이 함수에 γ 유형의 인수를 주면 δ 유형의 결과치를 반환한다. 따라서 함수 g에 하나 또는 두 개의 인수에만 값을 적용하는 부분 적용을 시행하거나, 세 개의 인수 모두 한꺼번에 값을 적용할 수 있다. **let g a b c = ...** 라는 표현식은 바로 **let g = fun a -> fun b -> fun c ->...** 을 줄여서 쓴 것이다.

2

함수 member의 유형은 α → α list → bool이므로 첫 번째 인수만 부분 적용되는 경우 member x의 유형은 α list → bool이 된다. member_all x ls 함수는, 부분 적용된 member x 함수와 map을 사용하여, 부울값이 수록된 띠를 생성한다. 이 부울값은, 인수 ls의 요소로 포함된 각 띠에 대하여 하나씩 결정되는데, 이러한 부울값으로 요소 띠에 x가 포함되어 있는지를 알 수 있다. 부울값이 수록된 띠를 만든 다음에는, member 함수를 다시 사용하여 그 띠에 false 요소가 없는지 확인한다.

```
member_all : α → α list list → bool

let member_all x ls =
    let booleans = map (member x) ls in
        not (member false booleans)
```

또한 다음과 같이 정의할 수도 있다.

```
member_all : α → α list list → bool

let member_all x ls =
    not (member false (map (member x) ls))
```

함수 정의는 어느 쪽이 더 명확하게 표현했을까? 함수 정의에서 false가 없는지 확인한 이유는 무엇일까? true가 있는지 확인하는 대신에 말이다.

3

연산자 /에 부분 적용을 시행한 함수 (/) 2는, 주어진 수치를 2로 나누는 함수가 아니라 2를 주어진 수치로 나누는 함수이다. 필요하다면 다음과 같이 거꿀나누기 함수(reverse divide function)를 정의할 수도 있겠다.

```
let rdiv x y = y / x
```

이렇게 정의한 거꿀나누기 함수에 부분 적용을 시행하면 원하는 함수를 얻는다.

4

함수 map은 유형이 $(\alpha \rightarrow \beta) \rightarrow \alpha$ list $\rightarrow \beta$ list이다. 본문에서 작성한 함수 mapl은 유형이 $(\alpha \rightarrow \beta) \rightarrow \alpha$ list list $\rightarrow \beta$ list list이다. 따라서 함수 mapll은 유형이 $(\alpha \rightarrow \beta) \rightarrow \alpha$ list list list $\rightarrow \beta$ list list list이 된다. 그러면 mapll을 다음과 같이 정의할 수 있다.

```
mapll : (α → β) → α list list list → β list list list

let mapll f l = map (map (map f)) l
```

그런데 본문에서 논의한 바와 같이 인수 l도 제거할 수 있다.

```
mapll : (α → β) → α list list list → β list list list

let mapll f = map (map (map f))
```

인수에 따라 띠, 띠의 띠, 또는 띠의 띠의 띠를 함수 f로 사상하는 고계 함수를 작성할 수는 없다. 그 이유는 오캐믈의 모든 함수가 유형이 단일해야 하기 때문이다. 어떤 함수가 f로 α list list를 사상할 수 있다면, 그 함수는 해당 인수가 주어졌을 때 그것을 검사하여 띠의 띠라는 것을 확인하게 되어 있다. 따라서 $\beta = \alpha$ list가 아니라면 β list를 사상할 수 없는 것이다.

5

take 함수를 활용하여 띠를 자르는 함수를 작성한다. 이때 띠가 정해진 길이보다 짧으면 그대로 두도록 신중하게 처리한다. 이 함수와 map 함수를 부품으로 truncate 함수 자체를 조립해 낸다.

```
truncate_l : int → α list → α list
truncate : int → α list list → α list list
```

```
let truncate_l n l =
  if length l >= n then take n l else l

let truncate n ll =
  map (truncate_l n) ll
```

여기에서는 truncate_l에 부분 적용을 시행하여 map 함수의 인수가 될 수 있게 하였다. 유의 사항은, 함수 length를 호출하는 대신에 다음과 같이 예외 처리를 사용할 수도 있다는 것인데, 그 결과 실행 시간을 단축시킬 수 있다. 하지만 이것이 함수 정의에 좋은 문체인지 아닌지의 여부는 숙고할 문제이다.

```
truncate_l : int → α list → α list
truncate : int → α list list → α list list

let truncate_l n l =
  try take n l with Invalid_argument "take" -> l

let truncate n ll =
  map (truncate_l n) ll
```

6

먼저 정해진 수와 띠가 인수로 주어지면 띠의 첫 번째 요소를 반환하는 함수를 정의한다. 이때 띠가 비어 있는 경우에는, 정해진 수를 반환하게 한다. 그런 다음 주 함수를 조립해 내는데, 전술한 함수에 부분 적용을 시행하여 map 함수의 인수로 사용한다.

```
firstelt : α → α list → α
firstelts : α → α list list → α list

let firstelt n l =
  try l with [] -> n | h::_ -> h
```

```
let firstelts n l =
    map (firstelt n) l
```

제10장 (유형 정의)

1

rect 유형을 정의하는 데 다음과 같이 생성자 두 개가 필요하다. 정사각형 생성자는 한 변의 길이를 나타내는 정수가 내장 정보이다. 직사각형 생성자는 가로와 세로를 나타내는 정보 짝이 내장 정보이다.

```
type rect =
    Square of int
|   Rectangle of int * int
```

새로운 유형의 이름은 rect이다. 유형이 rect인 것은 Square 또는 Rectangle이다. 예를 들면, 다음과 같다.

```
s : rect
r : rect

let s = Square 7

let r = Rectangle (5, 2)                               가로 5, 세로 2
```

2

함수 area의 인수에 문양 어울림을 적용한다.

```
area : rect → int

let area r =
   match r with
      Square s -> s * s
   | Rectangle (w, h) -> w * h
```

3

함수 rotate는 rect → rect 유형이다. 정사각형은 그대로 두지만, 높이보다 너비가 더 큰 직사각형이면 다음과 같이 90도 회전시킨다.

```
rotate : rect → rect

let rect r =
   match r with
      Rectangle (w, h) ->
         if w > h then Rectangle (h, w) else r
   | Square _ -> r
```

4

함수 pack에는 직사각형 띠가 인수로 주어진다. 너비 합계를 최소화하려면, 이 띠의 요소, 즉 직사각형을 필요한 만큼 회전시켜 너비가 작게 되도록 해야 한다. map을 사용하면, 띠의 모든 요소를 필요한 만큼 회전시킬 수 있다. 그 결과 너비 합계가 최소화된다. 그런 다음 이전 장의 정렬 함수를 활용하는데, 이때 필요한 비교 함수는, 요소의 너비를 비교하는 자작 함수이다.

```
width_of_rect : rect → int
rect_compare : rect → rect → bool
pack : rect list → rect list

let width_of_rect r =
  match r with
    Square s -> s
  | Rectangle (w, _) -> w

let rect_compare a b =
  width_of_rect a < width_of_rect b

let pack rects =
  sort rect_compare (map rotate rects)
```

예를 들어, 다음과 같은 직사각형 띠를 함수 pack으로 처리해 보자.

```
[Square 6; Rectangle (4, 3); Rectangle (5, 6); Square 2]
```

그 결과는 다음과 같을 것이다.

```
[Square 2; Rectangle (3, 4); Rectangle (5, 6); Square 6]
```

5
예외적인 상황에 주의하면서 list 유형의 경우와 동일한 방식으로 다음과 같이 구현한다.

```
take : int → α sequence → α sequence
drop : int → α sequence → α sequence
map : (α → β) → α sequence → β sequence
```

```
let rec take n l =
   if n = 0 then Nil else
      match l with
         Nil -> raise (Invalid_argument "take")
      | Cons (h, t) -> Cons (h, take (n - 1) t)

let rec drop n l =
   if n = 0 then l else
      match l with
         Nil -> raise (Invalid_argument "drop")
      | Cons (_, l) -> drop (n - 1) l

let rec map f l =
   match l with
         Nil -> Nil
      | Cons (h, t) -> Cons (f h, map f t)
```

6

제2장 연습문제에서 다루었던 멱승 함수 power를 사용할 수 있다.

```
type expr =
   Num of int
| Add of expr * expr
| Subtract of expr * expr
| Multiply of expr * expr
| Divide of expr * expr
| Power of expr * expr

evaluate : expr → int

let rec evaluate e =
   match e with
```

```
      Num x -> x
    | Add (e, e') -> evaluate e + evaluate e'
    | Subtract (e, e') -> evaluate e - evaluate e'
    | Multiply (e, e') -> evaluate e * evaluate e'
    | Divide (e, e') -> evaluate e / evaluate e'
    | Power (e, e') -> power (evaluate e) (evaluate e')
```

7

다음과 같이 evaluate 함수 호출을, Division_by_zero에 대한 예외 처리기로 둘러싸면 된다.

```
evaluate_opt : expr → int option

let evaluate_opt e =
    try Some (evaluate e) with Division_by_zero -> None
```

제11장 (나무 키우기)

1

문제의 함수 member_tree는 유형이 $\alpha \rightarrow \alpha$ tree $\rightarrow$ bool이다. member_tree는 발견해야 할 요소와 뒤져 볼 나무가 인수로 주어졌을 때, 탐색 후, 요소를 발견했으면 true를, 그렇지 않으면 false를 반환한다.

```
member_tree : α → α tree → bool

let rec member_tree x tr =
    match tr with
      Lf -> false
    | Br (y, l, r) -> x = y || member_tree x l || member_tree x r
```

유의할 점은, 탐색 검사 x = y가 세 개 중에서 맨 앞에 배치되었다는 것이다. 그 이유는 요소 발견 후 함수가 가장 빨리 종료되도록 하는 데 있다.

2

문제의 함수 flip_tree는 유형이 α tree $\rightarrow$ α tree이다. flip_tree는 잎을 뒤집어서 그 자체의 잎이 되게 한다. 분기점에서는 왼쪽 가지와 오른쪽 가지를 맞바꿈 해야 하고, 왼쪽과 오른쪽 하위 나무도 재귀적으로 뒤집어야 한다.

```
flip_tree : α tree → α tree

let rec flip_tree tr =
  match tr with
    Lf -> Lf
  | Br (x, l, r) -> Br (x, flip_tree r, flip_tree l)
```

3

두 나무의 각 부분을 대응시켜 모양이 같은지 확인할 수 있다. 잎은 모양이 같다고 본다. 분기점에서는, 왼쪽과 오른쪽 하위 나무가 각기 모양이 동일한 경우 같다고 판정한다.

```
equal_shape : α tree → β tree → bool

let rec equal_shape tr tr2 =
  match tr, tr2 with
    Lf, Lf ->
      true
  | Br (_, l, r), Br (_, l2, r2) ->
      equal_shape l l2 && equal_shape r r2
  | _, _ ->
      false
```

4

다음과 같이 나무 삽입 함수 insert를 반복해서 호출하면 되겠다.

```
tree_of_list : (α × β) list → (α × β) tree

let rec tree_of_list l =
  match l with
    [] -> Lf
  | (k, v)::t -> insert (tree_of_list t) k v
```

열쇠 중복 문제는 없다. 그 이유는 인수가 이미 사전이기 때문이다. 만일 그렇지 않았다고 하더라도, 나무로 변환된 것은 열쇠 중복이 없는 사전이 된다. 왜냐하면, 나무 삽입 함수 insert가 새로운 항목을 열쇠값이 같은 기존 항목에 덮어쓰기를 하기 때문이다. 함수 tree_of_list의 재귀 호출 순서를 보면, 띠의 왼편 요소가 오른편 요소보다 상대적으로 나중에 삽입됨을 알 수 있다. 따라서 열쇠값이 같은 항목은, 상대적으로 왼편에 위치한 것이 선호된다고 하겠다.

5

사전 나무 두 그루를, 각각 사전 띠로 변환한다. 띠 두 개를 이어 붙인 결과 띠에서 새 사전 나무를 만들 수 있다.

```
tree_union : (α × β) tree → (α × β) tree → (α × β) tree

let tree_union t t' =
  tree_of_list (list_of_tree t @ list_of_tree t')
```

이어 붙인 결과 띠가, 사전이 아닐 수 있다. 열쇠 중복이 있을 수 있기 때문이다. 함수 tree_of_list는 항목의 열쇠값이 같아서 충돌하는 경우, 상대적으로 왼편에 위치한 항목을 선호하는 특성이 있다. 따라서 첫 번째 사전 t의 항목이, 두 번째 사전 t'의 항목보다 왼편에 위치하도록 띠 두 개를 이어 붙인다.

6

새로운 유형의 나무에서는 각 분기점에 띠가 있고, 그 띠에 하위 나무를 수록한다. 빈 띠는 하위에 나무가 더 이상 없음을 나타낸다. 즉, 빈 띠는 분기점이 나무의 잎임을 나타낸다. 따라서 이 나무에서는 다음과 같은 생성자가 한 개만 있으면 된다.

type 'a mtree = Branch of 'a * 'a mtree list

그러면 이제 함수 size, total, 그리고 map을 정의할 수 있다.

```
size : α mtree → int
total : α mtree → int
map_mtree : (α × β) → α mtree → β mtree

let rec size tr =
    match tr with
        Branch (e, l) -> 1 + sum (map size l)

let rec total tr =
    match tr with
        Branch (e, l) -> e + sum (map total l)

let rec map_mtree f tr =
    match tr with
        Branch (e, l) -> Branch (f e, map (map_mtree f) l)
```

사실은 어울림 사례가 하나뿐인 경우, 그 사례를 함수의 인수 자리에 직접 사용하여 함수 정의를 다음과 같이 단순화할 수 있다.

```
size : α mtree → int
total : α mtree → int
map_mtree : (α × β) → α mtree → β mtree

let rec size (Branch (e, l)) =
```

```
      1 + sum (map size l)

let rec total (Branch (e, l)) =
    e + sum (map total l)

let rec map_mtree f (Branch (e, l)) =
    Branch (f e, map (map_mtree f) l)
```

제12장 (입출력)

1

문제의 함수 초안은 다음과 같다.

```
print_integers : int list → unit

let print_integers l =
    print_string "[";
    iter (fun i -> print_int i; print_string "; ") l;
    print_string "]"
```

그런데 다음과 같은 두 가지 문제가 있다.

        OCaml

```
# [1; 2; 3];;
- : int list = [1; 2; 3]
# print_integers [1; 2; 3];;
[1; 2; 3; ]- : unit = ()
```

마지막 요소 3 뒤에 쌍반점과 함께 공백도 있다. 제기된 문제는 다음과 같이 보조 함수를 도입하여 해결할 수 있다.

```
print_integers_inner : int list → unit
print_integers : int list → unit

let rec print_integers_inner l =
    match l with
        [] -> ()
    |   [i] -> print_int i
    |   h::t -> print_int h; print_string "; "; print_integers_inner t

let print_integers l =
    print_string "[";
    print_integers_inner l;
    print_string "]"
```

이렇게 하면 다음과 같이 올바른 결과가 나온다.

        OCaml

```
# [1; 2; 3];;
- : int list = [1; 2; 3]
# print_integers [1; 2; 3];;
[1; 2; 3]- : unit = ()
```

2

문제의 함수 read_three는, 본문에서 논의한 바와 같이 read_int 함수가 발동시킬 수 있는 예외를 처리해야 한다. read_int 함수는, 읽고 있는 것이 정수가 아니면 예외를 발동한다. read_three 함수는 예외를 포착했을 때, 자체를 재귀적으로 호출하여 정수 입력 작업을 처음부터 다시 시도한다. 함수는 세 개의 정수가 올바르게 입력되면, 정보 짝으로 반환하고 종료된다.

```
read_three : unit → int × int × int

let rec read_three () =
  try
    print_string "Type three integers, pressing Enter after each";
    print_newline ();
    let x = read_int () in
      let y = read_int () in
        let z = read_int () in
          (x, y, z)
  with
    Failure "int_of_string" ->
      print_string "Failed to read integers; Please try again.";
      print_newline ();
      read_three ()
```

정보 짝을 구성하는 데 왜 중첩된 **let ... in** 구문을 사용했는지 궁금할지도 모르겠다. 그냥 (read_int (), read_int (), read_int ())이라고 쓰지 않고 말이다. 그 이유는 정보 짝의 요소에 대한 평가 순서는 규정되어 있지 않아서, 오캐믈 시스템이 자유롭게 정할 수 있기 때문이다. 그러면 예를 들어, 1, 2, 3의 순서로 정수를 입력하는 경우라 하여도, 구성된 정보 짝은 (3, 2, 1)이 될 수도 있는 것이다.

3

사용자가 입력할 사전의 기재 항목 개수를 미리 알려 준다면, 특수한 "완료" 암호가 필요 없다. 먼저, 다음과 같은 **read_dict_number** 함수는 알려진 개수만큼의 사전 기재 항목, 즉 정수-문자열 쌍을 읽는다. 이 함수에서는, 읽고 있는 것이 정수가 아니면 발동되는 예외도 처리된다.

```
read_dict_number : int → (int × string) list

let rec read_dict_number n =
   if n = 0 then [] else
   try
      let i = read_int () in
         let name = read_line () in
            (i, name) :: read_dict_number (n - 1)
   with
      Failure "int_of_string" ->
         print_string "This is not a valid integer."
         print_newline ();
         print_string "Please enter integer and name again."
         print_newline ();
         read_dict_number n
```

이제 다음과 같은 **read_dict** 함수는, 사용자에게 사전의 기재 항목이 몇 개인지를 묻고, read_dict_number 함수를 호출하여 기재 항목을 읽어 들인다. 유의할 점은, 자작 예외 사건 BadNumber를 정의하고, 발동할 상황을 지정하고, 처리 방법을 규정해 두었다는 것이다. 이러한 장치는, 읽어 들일 사전 기재 항목의 개수에 대해서 사용자가 음수로 답하는 상황을 처리하기 위함이다. 이러한 조처가 없으면 read_dict_number 함수를 음수로 호출할 경우도 가능한데, 그 때는 read_dict_number 함수가 계속 실행되어 반환하지 않는 상황도 발생할 수 있다.

```
read_dict : unit → (int × string) list

exception BadNumber

let rec read_dict () =
   print_string "How many dictionary entries to input?";
   print_newline ();
```

```
    try
       let n = read_int () in
          if n < 0 then raise BadNumber else read_dict_number n
    with
       Failure "int_of_string" ->
          print_string "Not a number. Try again";
          print_newline ();
          read_dict ()
    |  BadNumber ->
          print_string "Number is negative. Try again";
          print_newline ();
          read_dict ()
```

4

먼저 함수 numlist를 작성한다. 이 함수는 1에서 n까지의 정수로 띠를 만드는 것으로 n이 0인 경우는 빈 띠를 반환한다.

```
numlist : int → int list

let rec numlist n =
   match n with
      0 -> []
   |  _ -> numlist (n - 1) @ [n]
```

그런 다음 함수 write_table_channel을 작성한다. 이 함수는 주어진 크기의 표를 출력 매체에 쓰는 함수이다.

```
write_table_channel : out_channel → int → unit

let write_table_channel ch n =
   iter
```

```
    (fun x ->
      iter
        (fun i ->
            output_string ch (string_of_int i);
            output_string ch "\t")
        (map (( * ) x) (numlist n));
      output_string ch "\n")
    (numlist n)
```

write_table_channel 함수를 자세히 살펴보자. iter를 겹으로 호출하는데, 이는 1차원 띠를 여러 겹 평행하게 놓아서 2차원 표가 되게 하는 것이다. write_table_channel 함수를 둘 이상의 함수로 분리할 수 있을까? 어떤 방식이 더 가독성을 높일까?

write_table_channel 함수를 시험해 볼 수 있다. 가장 쉬운 방법은 내장 출력 채널 stdout을 사용하여 다음과 같이 화면에 인쇄하는 것이다.

        OCaml

```
# write_table_channel stdout 5;;
1       2       3       4       5
2       4       6       8       10
3       6       9       12      15
4       8       12      16      20
5       10      15      20      25
- : unit = ()
```

이제 table 함수를 작성한다. 이는 write_table_channel 함수를 둘러싸는 것으로, 출력 장부를 열고 표를 출력하고 출력 장부를 닫으며 발생 가능한 오류를 처리하는 함수이다.

```
table : string → int → unit

exception FileProblem

let table filename n =
  if n < 0 then raise (Invalid_argument "table") else
    try
      let ch = open_out filename in
        write_table_channel ch n;
        close_out ch
    with
      _ -> raise FileProblem
```

음수를 입력할 경우, Invalid_argument 예외를 발동한다. 이 외에도 장부 열기, 쓰기 및 닫기와 관련하여 발동될 수 있는 모든 예외는, 미리 정의한 자작 예외 FileProblem 발동을 통하게 되어 있다. 이렇게 예외를 다시 발동시키는 것이 함수 정의에 좋은 문체일까?

5

먼저, 매체의 줄 수를 세는 보조 함수 countlines_channel을 작성한다. 간단한 이 함수는, 매체에서 한 줄을 읽되 내용은 무시하고, 1을 재귀 호출 함숫값에 추가하여 함숫값으로 반환한다. End_of_file 예외가 발생하면, 예외 처리가 시작되기 때문에 더 이상 재귀 호출을 못 하게 된다. 예외 처리 과정에서 함숫값은 0으로 정해지고 반환된다. 즉, 급수의 마지막 항이 0으로 확정된다는 말이다.

주 함수 countlines는, 그저 장부를 열고 보조 함수 countlines_channel을 호출하여 장부의 줄 수를 알아낸 다음, 입력 장부를 닫는다. 이와 함께 주 함수는, 장부 열기, 쓰기 및 닫기 관련 모든 오류를 포착하여 내장 예외 Failure로 다시 발동시킨다.

```
countlines_channel : in_channel → int
countlines : string → int
```

```
let rec countlines_channel ch =
  try
    let _ = input_line ch in
        1 + countlines_channel ch
  with
    End_of_file -> 0

let countlines file =
  try
    let ch = open_in file in
        let result = countlines_channel ch in
          close_in ch;
          result
  with
    _ -> raise (Failure "countlines")
```

6

평소와 같이 먼저 매체를 다루는 보조 함수를 작성한 다음에 장부 열기 및 닫기를 다루겠다. 보조 함수 copy_file_ch는 입력 매체와 출력 매체를 인수로 받아서, 입력 매체에서 읽은 행을 출력 매체로 출력하고, 새줄 문자도 출력한 다음에 재귀 호출을 실행하여 입출력 작업을 계속 반복한다. 함수가 종료되는 때는 End_of_file 예외가 포착된 경우뿐인데, 이는 input_line 함수 실행 중에 발동된다.

```
copy_file_ch : in_channel -> out_channel -> unit

let rec copy_file_ch from_ch to_ch =
  try
    output_string to_ch (input_line from_ch);
    output_string to_ch "\n";
    copy_file_ch from_ch to_ch
```

```
with
    End_of_file -> ()
```

이제 주 함수 copy_file을 작성한다. 이는 보조 함수 copy_file_ch를 둘러싸는 것으로, 입출력 장부를 열고 닫으며 발생 가능한 다양한 오류를 처리하는 함수이다.

```
copy_file : string → string → unit

exception CopyFailed

let copy_file from_name to_name =
  try
    let from_ch = open_in from_name in
      let to_ch = open_out to_name in
        copy_file_ch from_ch to_ch;
        close_in from_ch;
        close_out to_ch
  with
    _ -> raise CopyFailed
```

제13장 (자료함 인용자)

1

int ref 유형의 두 인용자 x와 y가 생성되었다. 초깃값은 1과 2이다. 최종값은 2와 4이다. 표현식의 유형은 int이다. 그 이유는 표현식의 유형이 !x + !y의 유형이기 때문이다. 그리고 표현식의 평가치는 6이다.

2

표현식 [ref 5; ref 5]는 int ref list 유형이다. 이 띠에는 인용자 두 개가 있는데, 각각 정수 5가 저장된 서로 다른 인용함을 가리킨다. 따라서 어떤 인용자가 가리키는 인용함의 내용을 변경하여도 다른 인용함의 내용은 변경되지 않는다. 한편, 표현식 **let** x = **ref** 5 **in** [x; x]도 int ref list 유형이다. 이 띠에도 인용자 두 개가 있지만, 모두 정수 5가 저장된 동일한 인용함을 가리킨다. 그래서 하나를 변경하면 다른 하나도 변경된다. 다음 실행 예에서 이를 확인할 수 있다.

OCaml

```
# let r = let x = ref 5 in [x; x];;
val r : int ref list = [{contents = 5}; {contents = 5}]
# match r with h::_ -> h := 6;;
Warning 8: this pattern-matching is not exhaustive.
Here is an example of a value that is not matched:
[]
- : unit = ()
# r;;
- : int ref list = [{contents = 6}; {contents = 6}]
```

3

다음과 같이 함수 forloop를 정의한다. 인수는 세 개인데, int → α 유형의 함수와 반복 시작 번수 값 및 반복 종료 번수 값 등이다. 여기에서 α는 일반적으로 unit이다.

```
forloop : (int → α) → int → int → unit

let rec forloop f n m =
  if n <= m then
    begin
      f n;
      forloop f (n + 1) m
    end
```

아래는 함수 실행 예이다.

> OCaml

```
# forloop print_int 2 10;;
2345678910- : unit = ()
# forloop print_int 2 2;;
2- : unit = ()
```

4

[|1; 2; 3|] : int array

[|true; false; true|] : bool array

[|[|1|]|] : (int array) array, 즉 int array array

[|[1; 2; 3]; [4; 5; 6]|] : int list array

[|1; 2; 3|].(2) : int, 값은 2이다.

[|1; 2; 3|].(2) <- 4 : unit, 갱신된 값은 [|1; 2; 4|]이다.

5

문제의 함수 array_sum을 다음과 같이 **for** 구문을 사용하여 구현한다.

```
array_sum : int array → int

let array_sum a =
    let sum = ref 0 in
        for x = 0 to Array.length a - 1 do
            sum := !sum + a.(x)
        done
        !sum
```

for 구문에서는 반복 시작 번수 값이 반복 종료 번수 값보다 큰 경우, 반복 표현식을 실행하지 않는다. 따라서 빈 배열에도 함수 array_sum을 적용할 수 있고, 적용했을 때의 함숫값은 0이다.

6

문제의 함수 array_rev는, 배열을 제자리에서 뒤집는 것이기 때문에 함수 유형은 α array $\rightarrow$ unit가 될 것이다. 역순으로 만드는 방법은, 배열의 좌우 대칭 요소를 맞교환하는 것인데, 첫 번째 요소에서 맞교환을 시작하여 중간 요소에 이르기까지 맞교환을 진행하는 것이다. 만일 배열의 길이가 홀수이면, 중간 요소가 대칭의 중심이기 때문에 맞교환할 필요가 없다.

```
array_rev : α array → unit

let array_rev a =
   if a <> [||] then
      for x = 0 to Array.length a / 2 do
         let t = a.(x) in
            a.(x) <- a.(Array.length a - 1 - x);
            a.(Array.length a - 1 - x) <- t
      done
```

주의할 것은, 배열이 비어 있는 경우를 확인해야 한다는 사실이다. 그렇게 하지 않으면 for 되돌이 안에서 첨자가 0인 첫 번째 요소를 입수하려는, 즉 없는 요소를 입수하려는 잘못된 시도를 하게 된다.

7

문제의 함수 table을 작성할 때, int array array 유형의 배열을, 열 요소로 이루어진 열 배열로 간주한다. 그러면 배열 요소 a.(x).(y)는 x열, y행의 요소가 되는 것이다.

```
table : int → int array array

let table n =
   let a = Array.make n [||] in
      for x = 0 to n - 1 do
```

```
        a.(x) <- Array.make n 0
    done;
    for y = 0 to n - 1 do
      for x = 0 to n - 1 do
          a.(x).(y) <- (x + 1) * (y + 1)
      done
    done;
    a
```

주의할 것은, **for** 구문에서는 반복 시작 번수 값이 반복 종료 번수 값보다 큰 경우, 반복 표현식을 실행하지 않는다. 따라서 **table 0**이라고 호출하여도 올바른 결과를 얻는다.

8

'a'와 'A' 그리고 'z'와 'Z'의 아스키 암호값 차이는 모두 32이다. 따라서 이 값을 대소문자 변환할 때 다음과 같이 적절하게 더하거나 뺀다. 해당 범위에 없는 암호값은 변경되지 않는다.

```
uppercase : char → char
lowercase : char → char

let uppercase x =
   if int_of_char x >= 97 && int_of_char x <= 122
      then char_of_int (int_of_char x - 32)
      else x

let lowercase x =
   if int_of_char x >= 65 && int_of_char x <= 90
      then char_of_int (int_of_char x + 32)
      else x
```

9

한 문장 안에 마침표, 느낌표 및 물음표가 여러 번 나타날 수 있으므로, 통계량 계산이 잘못
될 수 있다. 문자 개수를 구할 때, 새줄 문자는 고려하지 않는 것이 보통이다. 인용구 처리
방법이 명확하게 규정되지 않았다. 공백의 개수로 단어 개수를 알아내는 방법은 부정확하
다. 그 이유는, 한 줄에 단어가 10개 있어도, 단어가 9개만 있다고 산정하기 때문이다.

10

(생략)

제14장 (부동 소수점 수)

1

주어진 값의 천장값과 바닥값을 구한 다음, 주어진 값과 비교하여 더 가까운 것을 반환하
면 된다. 거리가 같다면, 주어진 값을 반올림하여 반환하도록 주의한다.

```
round : float → float

let round x =
   let c = ceil x in
      let f = floor x in
         if c -. x <= x -. f then c else f
```

이렇게 정의한 round 함수는 인수가 infinity 또는 nan이라 할지라도 함숫값, 즉 반올림값
을 반환한다. 그 이유는 infinity 및 nan에 대해서도 천장값과 바닥값이 오캐믈에 정의되
어 있기 때문이다.

2

문제의 함수 between은 중점을 반환하며 좌표 계산은 평균값을 구하는 방식이다.

```
between : float × float → float × float → float × float

let between (x, y) (x', y') =
    ((x +. x') /. 2., (y +. y') /. 2.)
```

3

문제의 함수 parts는 인수로 주어진 값의 정수 부분을 내장 함수 floor로 계산한다. 함수 parts는 정보 짝을 반환한다. 첫 번째 요소는 정수 부분이고, 두 번째 요소는 원래 수에서 정수 부분 값을 뺀 값이다. 인수가 음수인 경우에는 조심해야 한다. 함수 floor는 수직선 위에서 인숫값의 바닥값을 구할 때 항상 인숫값의 왼쪽에서 구한다. 0이 있는 쪽을 향해서가 아니라는 말이다. 따라서 인수가 음수인 경우, 일단 양수로 바꾸어서 정수 부분과 소수 부분으로 분리하고, 그 결과의 부호를 바꾸는 방법을 쓰면 된다. 참고로, 함수 parts에서는 단항(unary) 연산자 -.를 사용하여 음수와 양수를 서로 바꾼다.

```
parts : float → float × float

let rec parts x =
    if x < 0. then
        let a, b = parts (-. x) in
        (-. a, -. b)
    else
        (floor x, x -. floor x)
```

4

우선, 별표를 인쇄할 열을 결정해야 한다. 이때 중요한 것은, 범위 0...1을 반드시 같은 길이의 구간 50개로 나눈다는 것이다. 그 방법은 신중하게 생각하여야 한다. 인쇄할 열을 결정한 다음에는, 공백을 인쇄하되 별표를 인쇄할 직전 열까지 채우고, 이어 별표와 새줄 문자를 인쇄한다.

```
star : float → unit

let star x =
   let i = int_of_float (floor (x *. 50.)) in
      let i' = if i = 50 then 49 else i in
         for x = 1 to i' - 1 do print_char ' ' done;
         print_char '*';
         print_newline ()
```

5

문제의 함수 plot은, 인용자를 사용하여 도표로 그릴 함수의 독립변수 값을 추적한다. 인용자가 가리키는 인용함의 초깃값은 범위의 시작값으로 정한다. 인용치에 대한 함숫값으로 별표를 인쇄한 다음에는 인용치를 증분치만큼 증가시킨다. 인용치가 범위를 벗어날 때까지 전술한 별표 인쇄 작업을 반복한다.

```
plot : (float → float) → float → float → float → unit

let plot f a b dy =
   let pos = ref a in
      while !pos <= b do
         star (f !pos);
         pos := !pos +. dy
      done
```

참고로, 문제의 함수 plot에서 부적절한 인수는 용인하지 않는다. 예를 들어, 범위의 시작값 a가 범위의 끝값 b보다 큰 경우에는, 함수 plot이 도표를 인쇄하지 않는다. 원점이 화면 중앙에 위치하도록 문제의 함수 plot을 확장하여, 정현 함수가 함숫값이 0보다 작더라도 화면에 도표로 나타나게 할 수 있을까?

제15장 (표준 문고)

1

꼬리 재귀형이 아닌 함수는 다음과 같이 간단하다.

```
concat : α list list → α list

let rec concat l =
    match l with
        [] -> []
    | h::t -> h @ concat t
```

꼬리 재귀형으로 만들기 위해 다음과 같이 누산기를 사용하는데, 각 단계에서 요소 띠를 뒤집은 것에 누산기를 부가한다. 마지막 단계에서는 누산기를 뒤집어서 최종 결과로 반환한다. 참고로 List.rev는 이미 꼬리 재귀형 함수이다.

```
concat_tail : α list → α list list → α list
concat : α list list → α list

let rec concat_tail a l =
    match l with
        [] -> List.rev a
    | h::t -> concat_tail (List.rev h @ a) t

let concat l =
    concat_tail [] l
```

2

true로 부분 적용한 List.mem을 사용하여 띠의 띠를 사상할 수 있다. 그런 다음, 사상 결과 띠에 false가 없음을 확인하면 되는데, 이때 다시 List.mem을 사용한다.

```
all_contain_true : bool list list → bool

let all_contain_true l =
    not (List.mem false (List.map (List.mem true) l))
```

3

String.iter 함수는 인수 문자열의 각 문자에 대하여 char → unit 유형의 함수를 적용한다. 문자에 적용할 함수는 사용자가 정의할 수 있다. 사용자 자작 함수는 느낌표가 발견되면 계수기를 증가시키는 것이다.

```
count_exclamations : string → int

let count_exclamations s =
    let n = ref 0 in
        String.iter (function '!' -> n := !n + 1 | _ -> ()) s;
        !n
```

String.iter 함수 실행 후에는, 계수기에 함수의 결과치가 남게 된다. 참고로, "function *문양 어울림 사례*"라는 표현식은 "fun x -> match x with *문양 어울림 사례*"와 동등하다.

4

문제의 함수 calm을 작성할 때 String.map 함수를 사용한다. String.map 함수는 인수 문자열의 각 문자에 대하여 char → char 유형의 함수로 사상하여 새로운 문자열을 생성한다. 새로운 문자열의 각 문자는, 인수 문자열에서 대응 위치에 있는 문자의 사상 함숫값이다. 문자에 적용할 함수는 사용자가 정의할 수 있다.

```
calm : string → string

let calm =
    String.map (function '!' -> '.' | x -> x)
```

유의할 점은, 평소와 같이 부분 적용을 활용하여 마지막 인수를 제거하였다는 것이다.

5

String 모듐에 대한 문서를 보면, 다음 함수를 찾을 수 있다.

```
val concat : string -> string list -> string
```

String.concat sep sl concatenates the list of strings sl, inserting the separator string sep between each.

따라서 다음과 같이 빈 문자열을 구분자로 사용하면, 원하는 함수를 얻는다.

```
concat : string list → string

let concat =
    String.concat ""
```

6

Buffer 모듐의 create, add_string 및 contents 함수를, 일반적인 띠 반복자(iterator) List.iter에 다음과 같이 함께 사용할 수 있다.

```
concat : string list → string

let concat ss =
   let b = Buffer.create 100 in
     List.iter (Buffer.add_string b) ss;
     Buffer.contents b
```

참고로, 완충기 크기의 초깃값 100은 임의로 정한 것이다.

7

문제의 함수 occurrences에서는, 주어진 문자열을 탐색 대상으로 삼아 "OCaml"로 시작하는지 확인한다. "OCaml"로 시작하지 않으면, 탐색 대상인 문자열에서 맨 앞 문자를 잘라 내고, 짧아진 문자열을 대상으로 탐색 작업을 반복한다. "OCaml"로 시작하면, 출현 횟수 계수기를 1만큼 증가시키고, 전술한 대로 짧게 만든 문자열을 대상으로 탐색 작업을 반복한다.

```
occurrences : string → string → int

let occurrences ss s =                          s 내부에서 ss의 출현 횟수를 구한다.
    if ss = "" then 0 else                       빈 문자열의 출현 횟수는 0으로 정의한다.
        let num = ref 0 in                                       출현 횟수 현행 값
            let str = ref s in                              탐색 대상 문자열 현행 값
                while
                    String.length ss <= String.length !str &&
                    !str <> ""
                do
                    if String.sub !str 0 (String.length ss) = ss then
                        num := !num + 1;
                    str := String.sub !str 1 (String.length !str - 1)
                done;
                !num
```

문자열이 아닌 문자 띠를 활용하여 문제의 함수를 구현하는 것이 더 쉬울 것이라고 생각할지도 모르겠다. 그러나 그렇게 하면, 안타깝게도 탐색 속도가 느려지게 된다. 이러한 문자열 탐색은 통상 고속으로 실행되어야 하는 작업인 것이다.

제16장 (프로그램 조립)   ·

1

먼저 Textstat 모둠을 확장하여 빈도수를 계산하고, 매개체에 빈도수 함수를 공개하여 노출시킨다. 이를 그림 16.6 및 16.7에서 확인할 수 있다. 그리고 주 프로그램은 그림 16.8과 같다.

```
type stats

val lines : stats -> int

val characters : stats -> int

val words : stats -> int

val sentences : stats -> int

val frequency : stats -> char -> int

val stats_from_file : string -> stats
```

그림 16.6 textstat.mli

```
(* 문서 통계량 유형 *)
type stats = int * int * int * int * int array

(* 통계치 회수용 효용 함수 *)
let lines (l, _, _, _, _) = l
let characters (_, c, _, _, _) = c
let words (_, _, w, _, _) = w
let sentences (_, _, _, s, _) = s
let frequency (_, _, _, _, h) x = h.(int_of_char x)

(* 매체의 통계치 도출 *)
let stats_from_channel in_channel =
```

```
    let lines = ref 0 in
    let characters = ref 0 in
    let words = ref 0 in
    let sentences = ref 0 in
    let histogram = Array.make 256 0 in
      try
        while true do
          let line = input_line in_channel in
            lines := !lines + 1;
            characters := !characters + String.length line;
            String.iter
              (fun c ->
                match c with
                  '.' | '?' | '!' ->
                    sentences := !sentences + 1
                | ' ' -> words := !words + 1
                | _ -> ())
              line
            String.iter
              (fun c ->
                let i = int_of_char c in
                  histogram.(i) <- histogram.(i) + 1)
              line
        done;
        (0, 0, 0, 0, [||])   (* 형식적인 반환값, 유형 부합만 노림 *)
      with
        End_of_file ->
          (!lines, !characters, !words, !sentences,
           histogram)

(* 장부의 통계치 도출, 예외처리 없음 *)
let stats_from_file filename =
  let channel = open_in filename in
    let result = stats_from_channel channel in
      close_in channel;
      result
```

그림 16.7 textstat.ml

```
let print_histogram stats =
   print_string "Character frequencies:\n";
   for x = 0 to 255 do
      let freq = Textstat.frequency stats (char_of_int x) in
         if freq > 0 then
            begin
               print_string "For character '";
               print_char (char_of_int x);
               print_string "' (character number ";
               print_int x;
               print_string ") the count is ";
               print_int freq;
               print_string ".\n"
            end
   done
in
   try
      begin match Sys.argv with
         [|_; filename|] ->
            let stats = Textstat.stats_from_file filename in
               print_string "Words: ";
               print_int (Textstat.words stats);
               print_newline ();
               print_string "Characters: ";
               print_int (Textstat.characters stats);
               print_newline ();
               print_string "Sentences: ";
               print_int (Textstat.sentences stats);
               print_newline ();
               print_string "Lines: ";
               print_int (Textstat.lines stats);
               print_newline ();
               print_histogram stats
       | _ ->
           print_string "Usage: stats <filename>\n"
      end
   with
      e ->
         print_string "An error occurred: ";
         print_string (Printexc.to_string e);
         print_newline ();
         exit 1
```

그림 16.8 stats.ml

2

우선, 보조 함수 두 개를 작성한다. 장부에서 모든 행을 읽는 함수와, 모든 행을 장부에 쓰는 함수가 그것들이다. 그리고 주 함수에서는 명령 행을 읽어서 입력 및 출력 장부 이름을 확인한 후, 입력 장부에서 행을 읽어 띠에 수록하고, 띠를 뒤집은 후, 띠에 수록된 행을 차례로 출력 장부에 쓴다. 문제가 발생하면 예외 상황이 인쇄된다. 명령 행이 잘못 구성된 경우, 사용법 안내 문구를 인쇄하고 종료한다. 이렇게 작성한 프로그램이 그림 16.9에 있다.

유의할 점은, 장부 마지막에 통상 있어야 하는 새줄 문자가 없으면 문제가 발생한다는 것이다. 이 문제를 어떻게 해결할 수 있을까?

```ocaml
(* 장부의 행 순서 반전 *)

let putlines lines filename =
   let channel = open_out filename in
     List.iter
       (fun s ->
          output_string channel s;
          output_char channel '\n')
       lines;
     close_out channel

let getlines filename =
   let channel = open_in filename in
     let lines = ref [] in
       try
         while true do
           lines := input_line channel :: !lines
         done;
         []
       with
         End_of_file ->
            close_in channel;
            List.rev !lines
```

```
let _ =
  match Sys.argv with
    [|_; infile; outfile|] ->
      begin
        try
          let lines = List.rev (getlines infile) in
            putlines lines outfile
        with
          e ->
            print_string
              "There was an error. Details follow:\n";
            print_string (Printexc.to_string e);
            print_newline ();
            exit 1
      end
  | _ ->
    print_string
      "Usage: reverse input_filename output_filename\n";
    exit 1
```

그림 16.9 reverse.ml

3

단순히 **for** 되돌이를 사용하면, 무언가 또는 헛것을 엄청나게 여러 번 실행할 수 있다.

```
(* ocamlc과 ocamlopt 편역물의 성능을 비교할 수 있을 정도로 오랫동안 실행되는 프로그
램 *)

for x = 1 to 10000000 do
    ()
done
```

Unix 시스템에서 time, 공백, 그리고 실행할 명령을 차례로 타자하여 실행시키면, 명령 실행에 걸린 시간이 화면에 인쇄된다. 예를 들어, 저자의 컴퓨터에서 실행한 결과를 다음에 보였다.

```
$ ocamlc bigloop.ml -o bigloop
$ time ./bigloop

real 0m1.896s
user 0m1.885s
sys 0m0.005s

$ ocamlopt bigloop.ml -o bigloop
$ time ./bigloop

real 0m0.022s
user 0m0.014s
sys 0m0.003s
```

보는 바와 같이 ocamlc로 편역하여 얻은 실행 프로그램은 실행하는 데 약 1.9초가 걸리지만 ocamlopt로 편역하여 얻은 실행 프로그램은 약 0.022초밖에 걸리지 않는다.

4

장부에서 모든 행을 읽어 들일 때는, 문제 2에서 논의하였던 자작 getlines 함수를 활용하면 되겠다. 주 함수에서는 그저 각 행을 대상으로 string_in_line을 호출하는데, true가 반환되면 행을 인쇄한다.

흥미로운 함수가 있다. string_in_line이 그것인데, 주어진 문자열 term이 행 line에 있는지 확인하는 작업을 행의 맨 앞, 즉 색인 값 0인 문자에서부터 시작한다. 주어진 문자열 term에 대한 탐색 조건은, 부울 표현식을 합성한 것이다. 첫 번째 부울 표현식에서는, term과 비교할 대상을 line에서 구획 짓는 것이 가능한지 확인한다. 다시 말해, line에서 현 위치, 즉 색인 값 pos인 문자에서 시작하여 term의 길이만큼의 문자를 확보할 수 있음을 확인한다는 것이다. 두 번째 부울 표현식에서는, 오캐믈 표준 문고의 String.sub 함수를 사용하여 행 line의 현 위치에서 주어진 문자열 term이 있는지 확인한다. 확인하지 못했다면, 행의 현 위치를 오른쪽으로 한 문자 이동시키고 탐색을 계속한다. 지금까지의 과정이 그림 16.10에 구현되어 있다.

```
let rec string_in_line term line pos =
      pos + String.length term <= String.length line
   &&
      (String.sub line pos (String.length term) = term
       || string_in_line term line (pos + 1))

let getlines filename =
   let channel = open_in filename in
      let lines = ref [] in
         try
            while true do
               lines := input_line channel :: !lines
            done;
            []
         with
            End_of_file ->
               close_in channel;
               List.rev !lines

let _ =
   match Sys.argv with
      [|_; searchterm; filename|] ->
         begin
            try
               List.iter
                  (fun line ->
                      if string_in_line searchterm line 0 then
                         begin
                            print_string line;
                            print_newline ()
                         end)
                  (getlines filename)
            with
               e ->
                  print_string "An error occurred:\n";
                  print_string (Printexc.to_string e);
                  print_newline ()
         end
    | _ ->
      print_string "Usage: search search_term filename\n"
```

그림 16.10 search.ml

문제 해결의 귀띔

제1장 시작

1

표현식을 종이와 연필로 해결한 다음 컴퓨터에 입력하여 확인하라. 표현식의 유형은 평가 결과치의 유형임을 명심하자. 각 표현식의 평가 단계를 보여 줄 수 있는가?

2

각 표현식을 컴퓨터에 입력하라. 각각은 어떤 값으로 평가되는가? mod와 + 중에서 어떤 연산자를 먼저 계산하는지 알아낼 수 있는가?

3

컴퓨터에 입력하라. 오캐믈 시스템이 무엇을 인쇄하는가? 평가 순서는 어떠한가?

4

(생략)

5

(생략)

6

(생략)

7

값이 2이면 어떻게 될까? 2를 무엇이라고 해석해야 할까?

8

(생략)

제2장 이름과 함수

1

이 함수는 정수를 하나를 받아서 그 정수에 10을 곱한 값을 반환한다. 그렇다면 그 유형은 무엇일까?

2

함수는 어떤 인수를 취할까? 함숫값의 유형은 무엇일까? 함수 전체 유형은 어떻게 구성될까? 함수를 정의할 때 && 및 <> 연산자를 사용할 수 있다.

3

문제의 함수는 재귀 함수이므로 `let rec`를 사용해야 한다. 1...1의 모든 정수의 합은 얼마일까? 이 경우는 아마도 좋은 기저 사례일 것이다.

4

문제의 함수는 재귀 함수이다. 어떤 수의 0승 값은 얼마일까? 어떤 수의 1승 값은 얼마일까? 어떤 수의 n승 값은 어떻게 될까?

5

문제의 함수를 이미 논의한 `isvowel` 함수를 활용하여 정의할 수 있을까?

6

표현식의 우선순위를 확인하여 표현식에 괄호를 추가하라. 괄호를 추가한 표현식이 이해하기가 쉬운가?

7

종료되지 않는 경우가 언제 발생하는가? 발생 감지 장치를 마련하고, 발생 시에는 비종료 대신 0을 반환하게 할 수 있을까? 어쨌든 0의 계승값은 얼마인가?

제3장 사례별 처리

1

부울값에 문양 어울림을 적용할 수 있다. 따라서 true와 false에 대한 두 가지 어울림 사례가 있겠다.

2

함수 sum은 제2장 연습문제에서 본 적이 있다. sum 함수의 `if ... then ... else ...` 구조를 문양 어울림 구조로 변환하라.

3

세 가지 사례를 구분해야 한다. 즉, 지수가 0, 1 또는 1보다 큰 경우 등인데, 이제는 이것을 문양 어울림 사례로 표현해야 한다.

4

(생략)

5

표현식에 괄호를 추가해 보라. 이때 표현식의 의미는 바뀌지 않아야 한다.

6

각 함수에서는 두 가지 사례를 구분해야 한다. 특수한 범위 문양 'A'..'Z'와 모든 것과 어울리는 문양 _으로 분별한다.

제4장   띠 만들기

1

인수로 주어지는 띠에 대하여 세 가지 경우를 생각해 볼 수 있다. (1) 띠가 비어 있다. (2) 띠에 요소가 한 개 있다. (3) 띠에 둘 이상의 요소가 있다. 세 번째 경우를 문양 a::b::t로 구분한다면, 어떤 요소를 생략해야 할까? a와 b 중에서 어느 것일까?

2

이 함수의 유형은 bool list → int이다. 빈 목록, 머리 요소가 true인 띠, 머리 요소가 false인 띠를 고려하라. 띠의 true 요소 각각에 대해 1을, false 요소 각각에 대해 0을 셈에 넣어라.

3

회문을 만드는 함수는 자명하다. 어떤 띠가 회문인지 확인하려면 회문의 정의를 상기하라. 반전시킨 띠가 원래 띠와 동일한지 확인하라.

4

인수로 주어지는 띠에 대하여 세 가지 경우를 생각해 보라. (1) 띠가 비어 있다. (2) 띠에 요소가 한 개 있다. (3) 띠에 둘 이상의 요소가 있다. 꼬리 재귀형 함수를 만들 때는 누적 인수를 사용하라.

5

빈 띠에 어떤 요소가 존재할 수 있을까? 빈 띠가 아니면, 머리와 꼬리가 있다. 이 머리 요소가 찾고 있는 요소와 같은 경우, 함수의 반환값은 무엇일까? 같지 않을 경우에는 어떻게 해야 할까?

6

빈 띠는 이미 중복 요소가 없는 띠, 즉 집합이다. 띠에 머리와 꼬리가 있다고 하자. 이때, 머리 요소가 꼬리 안에 있음이 확인된다면 어떻게 해야 할까?

7

부가 연산자 @가 함수 rev 안에서 평가되는 순서를 생각해 보라. 각각의 부가 작업에 시간이 얼마나 걸릴까? 몇 번이나 해야 할까?

제5장 정렬

1

`let left` 구문과 `let right` 구문 앞에 다른 `let` 구문이 있으면 어떨까?

2

`take` 함수와 `drop` 함수가 오작동할 수 있는 상황과 `msort` 함수가 재귀 호출에서 사용하는 인숫값을 생각해 보라.

3

간단히 바꿀 수 있다. 비교 연산자 교체를 생각해 보라.

4

문제의 함수는 어떤 유형일까? 길이가 0 또는 1인 띠는, 정의에 따라 이미 정렬된 상태이다. 따라서 기저 사례가 된다. 요소가 두 개 이상인 경우 어떻게 해야 할까?

5

(생략)

6

`let rec` 구문은 `let` 구문과 마찬가지로 중첩시킬 수 있다.

제6장 함수 합성

1

함수 calm은 띠를 재귀적으로 처리하는 간단한 함수이다. 세 가지 경우를 생각해야 한다. 빈 띠, 느낌표 '!'로 시작하는 띠, 다른 문자로 시작하는 띠 등이다. map 함수를 사용하라는 문제에서는, 문자 하나를 처리하는 calm_char 함수를 먼저 작성해야 한다. 그런 다음 map 을 사용하여 calm 함수의 새 판을 정의할 수 있다.

2

문제 1번과 동일한 방법으로 해결한다.

3

무명 함수에 대한 본문 내용을 복습하라. clip 함수를 어떻게 무명 함수로 표현할 수 있을까? 표현한 것을 map 함수의 인수로 어떻게 사용할 수 있을까?

4

let rec apply f n x = ... 형식의 함수를 원한다. 함수 f를 초깃값 x에서부터 총 n회 누적 적용하는 것이다. 기저 사례는 어떤 경우인가? 이 경우 무엇을 해야 할까? 기저 사례가 아닌 경우에는, 어떻게 해야 할까?

5

함수 insert와 함수 sort 모두에 함수 인수를 추가하고 insert의 <= 연산자 대신 사용하라.

6

세 가지 가능한 경우가 있다. 인수 띠가 비어 있거나, 함수 인수 f를 머리 요소에 적용했을 때 true가 반환되는 경우와 그렇지 않고 false가 반환되는 경우 등이다.

7

입력되는 띠가 비어 있으면 for_all 함숫값은 자명하게도 true이다. 함수 인수를 어떤 요소에 적용했을 때, true가 아닌 함숫값이 나올 수 없기 때문이다. 입력되는 띠가 비어 있지 않은 경우, 첫 번째 요소에 대한 함수 인수 적용값은 true가 나와야 하고, 이는 나머지 다른 모든 요소에 대해서도 재귀적으로 성립해야 한다.

8

함수 `mapl`은 α list 띠에 map 함수를 적용한다. 여기에서 α list 띠는 α list list 띠의 요소이다.

제7장 오류 수정

1

짚고 넘어갈 두 가지 경우가 있다. 빈 띠라서 최소 양수가 없는 경우와, 빈 띠는 아니지만 요소 전부가 0이나 음수인 경우이다.

2

`smallest` 함수 호출을, 예외 처리기로 둘러싸기만 하면 된다.

3

먼저, 보조 함수를 작성하라. 이 함수는 후보 수 x와 목표 수 n을 인수로 받아서, x를 제곱하면 n을 초과하는지 확인한다. 초과하지 않으면, 후보 수 x의 값을 조정하여 보조 함수를 재귀 호출 한다. 보조 함수를 작성한 다음에는, 예외 상황을 적절하게 정의하고 주 함수를 작성한다. 인수에 잘못이 있으면 예외를 발동시키고 그렇지 않으면 보조 함수를 호출하는 예외 처리기로 보조 함수를 둘러싸면 된다.

4

`try ... with` 구문을 사용하여 함수를 호출하라. 정의해 둔 예외 상황도 이 구문으로 처리하면 된다.

5

(생략)

제8장 탐색

1
사전에서 각 열쇠는 유일하다. 이 사실을 상기하면 도움이 될까?

2
함수 replace의 유형은 add 함수와 동일하다. 그러나 대체할 항목을 찾은 경우에만 무언가로 대체한다. 대체할 항목을 찾지 못했음을 언제 알 수 있을까?

3
사전 구축 함수는 열쇠 띠와 값 띠가 주어질 때, 사전을 반환한다. 따라서 그 유형은 α list $\to \beta$ list $\to (\alpha \times \beta)$ list이 된다. 문양 어울림을 열쇠 띠와 값 띠, 두 띠에 동시에 적용하라. 어울림 사례를 몇 개나 생각해야 할까?

4
사전 해체 함수는 정보 쌍의 띠를 받아서, 띠 두 개로 만든 정보 쌍을 생성한다. 따라서 함수의 유형은 $(\alpha \times \beta)$ list $\to \alpha$ list $\times \beta$ list이다. 기저 사례는 비어 있는 사전인데, 이 경우 결과가 ([], [])이어야 함을 알 수 있다. 그러나 (k, v) :: more인 경우에는 어떻게 해야 할까? 먼저 more에 대한 사전 해체 함숫값 (ks, vs)을 구해야 한다. 그런 다음에는 k와 v를 각각 해체 함숫값에 첨가하여 (k :: ks, v :: vs)를 만들면 된다. 이렇게 하는 방법을 궁리해 보라.

5
문제의 함수는 입력한 띠를 요소 순서대로 확인하면서, 열쇠-값 정보 쌍을 수록하는 결과 띠를 만들어 갈 것이다. 이 과정에서 이미 확인한 열쇠는 별도의 기존 열쇠 띠에 수록한다. 또한 member 함수로 어떤 열쇠가 기존 열쇠 띠에 속한 것인지를 판별한다. 이렇게 함으로써 열쇠-값 정보 쌍 중에서 열쇠가 기존 열쇠 띠에 속한 정보 쌍은, 결과 띠에 첨가되지 않게 할 수 있다.

6

사전 통합 함수는 두 개의 사전을 받아서 다른 사전을 반환하므로, 함수 유형을 쉽게 쓸 수 있을 것이다. 첫 번째 사전 띠를 대상으로 문양 어울림을 시행하라. 빈 띠인 경우, 반환값은 자명하다. 머리와 꼬리가 있는 경우는 무엇을 반환해야 할까?

제9장 고계 함수

1

(생략)

2

부울값으로 이루어진 띠를 작성해 보라. 여기에서 각각의 부울값은, 부분 적용된 `member x` 함수를 띠에 적용한 결과이다.

3

나눗셈 연산자 /는 어떤 중요한 점에서 곱셈 연산자 *와 다르다. 어떻게 다를까?

4

함수 map은 유형이 $(\alpha \rightarrow \beta) \rightarrow \alpha$ list $\rightarrow \beta$ list이다. 함수 mapl은 유형이 $(\alpha \rightarrow \beta) \rightarrow \alpha$ list list $\rightarrow \beta$ list list이다. 그렇다면 함수 mapll의 유형은 무엇일까? 먼저 함수 mapl의 함수 정의를 분석해 보라. 띠의 띠의 띠를 처리할 수 있게 어떻게 확장할 수 있을까?

5

먼저 take 함수 개정판을 활용하여 홑띠(single list)를 자르는 함수를 작성한다. 홑띠는, 띠 안에 띠가 없는 띠를 말한다. 이 함수에 부분 적용을 시행하여 map 함수의 인수가 될 수 있게 하면 truncate 함수를 조립해 낼 수 있다.

6

먼저, 정해진 수와 띠가 인수로 주어지면 띠의 첫 번째 요소 또는 정해진 수를 반환하는 함수 firstelt를 정의한다. 그런 다음, 주 함수 `firstelts`를 조립해 내는데, 전술한 `firstelt`

함수에 부분 적용을 시행하여 map 함수의 인수로 사용한다.

제10장 유형 정의

1

이 유형에는 두 개의 생성자가 있다. 하나는 정사각형용 생성자인데, 내장 정보로 정수 하나만 있으면 된다. 다른 하나는 직사각형용 생성자인데, 내장 정보로 가로와 세로 길이를 표현할 정수 두 개가 있어야 한다.

2

이 함수의 유형은 rect → int이다. 유형 rect의 두 생성자에 대하여 문양 어울림을 적용하여 면적을 계산하라.

3

유형 rect의 두 생성자에 대하여 문양 어울림을 적용하여 회전 여부를 결정하라. 정사각형은 회전시킬 것인가? 직사각형에 대해서는 어떻게 해야 할 것인가?

4

먼저, 필요하다면 사각형을 회전시켜야 한다. 이런 함수는 이미 3번 문제에서 다루었다. 그런 다음, 사각형을 너비가 좁은 순서에 따라 정렬해야 한다. 이러한 정렬 작업에, 사용자 정의 비교 함수를 인수로 취하는 sort 함수를 사용할 수 있는가? 이런 sort 함수도 제6장 연습문제 5번에서 설계해 보았다.

5

본문에서 유형 sequence를 대상으로 어떻게 length 함수와 append 함수를 개정하였는지 살펴보라.

6

새로운 생성자를 추가하고, 필요한 만큼 evaluate 함수를 수정하라.

7

evaluate 함수 호출을, Division_by_zero에 대한 예외 처리기로 둘러싸라. 예외가 발동하면, 예외 상황을 처리하고 None을 반환하게 하라.

제11장 나무 키우기

1

문제의 함수는 $\alpha \rightarrow \alpha$ tree $\rightarrow$ bool 유형이다. 즉, 발견해야 할 요소와 뒤져 볼 나무가 인수로 주어지고, 이 나무에 수록된 요소의 유형은 발견해야 할 요소의 유형과 같다. 함수는 나무 탐색 후, 요소를 발견했으면 true를, 그렇지 않았으면 false를 반환한다. 탐색할 나무가 잎이면 어떻게 해야 할까? 분기점인 경우에는 어떻게 할까?

2

문제의 함수는 유형이 α tree $\rightarrow \alpha$ tree이다. 잎은 어떻게 처리해야 할까? 분기점에서 가지와 하위 나무를 어떻게 처리해야 할까?

3

두 나무가 모두 Lf, 즉 잎이면 같은 모양이다. 둘 다 가지라면 어떻게 될까? 하나가 가지이고 다른 하나가 잎이거나 그 반대면 어떨까? 둘 다 가지인 경우를 생각할 때에는, tree_map 함수를 우회적으로 사용하여 같은 유형의 나무를 생성하는 방법을 고려하라.

4

기존 나무에 요소를 삽입하는 함수는 이미 작성해 보았다.

5

띠로 구현한 사전을 중간 단계에서 사용해 보라. 띠에서 나무를 만드는 방법은 이미 알고 있다.

6

각 분기점에 띠를 설치하고 그 띠에 하위 나무를 수록해 보라. 하위에 나무가 더 이상 없음은 어떻게 표현할 수 있을까?

제12장 입출력

1

문제의 함수를 작성할 때 `print_string` 및 `print_int` 함수를 활용할 수 있다. 마지막 정수를 인쇄할 때가 까다로우니 주의하라.

2

`read_int` 함수를 사용하여 사용자로부터 정수를 읽어 들일 수 있다. 사용자에게 적절한 입력 지침을 제공해야 하고 `read_int`에서 발동하는 예외를 처리해야 한다. 예외 상황은 사용자가 정수를 타자하지 않은 경우에 발생한다.

3

한 가지 해법은, 사용자에게 먼저 입력하려는 사전의 기재 항목 개수를 물어보는 것이다. 그러면 입력 자료 소진을 알리는 특수한 신호가 필요 없다.

4

먼저 띠를 만드는 함수를 작성해 보라. 이 띠의 요소는 1에서 n까지의 정수이다. 이 함수를 호출하여 표를 만들고 또 인쇄하는 함수를 작성할 수 있을까? 이때 `iter` 및 `map` 함수를 유용하게 활용할 수 있겠다. `iter`를 겹으로 호출하여, 가장 안쪽에 있는 함수에서 출력 매체에 인쇄하라. 장부 열기 및 닫기는 다른 곳에서 처리할 수 있겠다.

5

문제의 함수를 작성할 때 `input_line` 함수를 사용할 수 있겠다. `input_line` 함수를 `End_of_file` 예외가 발동할 때까지 몇 번이나 호출할 수 있을까?

6

input_line 함수를 호출하여 입력 장부에서 한 행을 읽고 output_string 함수를 사용하여 출력 장부에 쓸 수 있다. 이때 새줄 문자를 잊지 말아야 한다. 복사 완료 시점을 어떻게 알 수 있을까? 어떤 매체에서 다른 매체로 행을 복사하는 보조 함수를 작성하라. 장부는 주 함수에서 개별적으로 열고 닫을 수 있다.

제13장 자료함 인용자

1

인용자의 초깃값을 고려한 다음, 표현식 안에서 할당 연산이 인용함의 내용을 어떻게 변경하는지 살펴보라. 표현식의 평가 결과로 최종적으로 무엇이 반환되는가?

2

오캐믈 시스템을 활용한다. 제시된 표현식에 이름을 각각 부여하라. 그런 다음, 띠의 머리 요소를 입수하여 그 내용을 다른 정수로 갱신하라. 현재 두 띠 모두, 띠의 머리 요소는 인용자이다. 각각의 경우에 어떤 일이 발생했는가?

3

함수 forloop를 정의해 보라. 인수는 세 개인데 반복의 각 단계에서 적용할 함수와 반복 시작 번수 값 및 반복 종료 번수 값 등이다. 반복의 각 단계에서 주어진 함수를 호출해야 한다. 시작 번수 값이 종료 번수 값보다 크면 어떻게 될까?

4

풀이가 막히면 오캐믈 시스템에 입력해 보라. 표현식의 유형이, 왜 오캐믈이 출력한 유형인지 이해가 되는가?

5

문제의 함수는 int array → int 유형이다. for 되돌이를 사용하여 인용함에 배열 요소를 누적하고 합계를 구해 보라.

6

배열의 좌우 끝 요소를 맞교환하는 것을 생각해 보라. 문제에 포함된 대칭성을 파악하라.

7

배열의 배열을 만들려면 Array.make를 사용하여 먼저 주 배열을 만들되 그 요소들이 빈 배열이어야 한다. 즉, 빈 배열의 배열을 만든다는 말이다. 그런 다음 주 배열의 각 요소를 적절한 크기의 보조 배열로 설정하는데, 이때 다시 Array.make를 사용하여 보조 배열을 생성한다. 배열의 배열 구조가 완성되면 곱셈표 수치를 넣는 것은 매우 간단하다.

8

'a'와 'A'의 아스키 암호 값 차이는 얼마인가? 'z'와 'Z'의 경우는 어떠한가?

9

(생략)

10

(생략)

제14장 부동 소수점 수

1

내장 함수 ceil과 floor를 생각해 보라.

2

간단하게 계산할 수 있는 문제이다. 문제의 함수는 두 점을 받아서 다른 점을 반환하므로 그 유형이 float $\times$ float $\rightarrow$ float $\times$ float $\rightarrow$ float $\times$ float이다.

3

내장 함수 floor를 생각해 보라. 음수가 인수로 주어지면 어떻게 처리해야 할까?

4

몇 번째 열에 별표를 인쇄할 것인지 신중하게 계산하라. 그 열에 어떻게 별표를 인쇄할 수 있을까?

5

문제의 함수 plot은, 범위의 시작과 끝 사이에서 인숫값을 정하고 인수에 대한 함숫값을 계산한 다음, star 함수를 호출해서 별표를 인쇄해야 한다. 별표를 인쇄한 후에는 인숫값을 증분치만큼 증가시켜서 다음 인쇄를 준비한다.

제15장 표준 문고

1

꼬리 재귀형 함수 List.rev를 활용할 수 있다.

2

이 문제에서는 List.mem 함수와 함께, List.map 함수를 활용할 수 있다.

3

이 문제에서는 String.iter 함수가 유용할 것이다.

4

문자에 적용할 함수를 정의하고, String.map 함수의 인수로 사용해 보라.

5

String.concat 함수 활용을 고려해 보라.

6

완충기를 만들고, 모든 문자열을 순서대로 추가한 후, 완충기 내용을 반환한다.

7

`String.sub` 함수가 여기서 유용하다. 다른 유형과 마찬가지로 문자열끼리 동일한지는 비교 연산자 =로 확인할 수 있다.

제16장 프로그램 조립

1

먼저, 문자 빈도수를 계산하고 빈도수 함수를 매개체를 통해 입수할 수 있도록 `Textstat` 모듐을 확장해야 한다. 그런 다음, 주 프로그램도 확장하여, 문자 빈도수 정보를 회수하고 인쇄하도록 하라.

2

우선, 장부에서 행을 읽는 함수와 장부에 행을 쓰는 함수가 필요하다. 내장 배열 `Sys.argv`에서 필요한 입력 및 출력 장부 이름을 알아낼 수 있다. 오류가 발생할 경우 어떻게 해야 할까? 예를 들어, 장부 이름이 잘못되었을 경우, 어떻게 조처해야 할까?

3

어떤 일을 매우 많이 반복해서 수행하는 것을 고려해 보라. 반복 수행할 작업에 출력 작업은 포함시키지 않는다. 그 이유는 출력 작업이 계산 속도 차이를 분간하기 어렵게 만들 수 있기 때문이다. 분간이 어렵게 되는 이유는 이렇다. 출력 작업은 다른 작업에 비하여 실행 시간이 현저하게 길다. 반복 수행 작업에 출력 작업이 포함되면, 반복 수행에 걸린 시간의 거의 전부가, 출력 작업에 쓰인 시간일 수도 있다. 그러면 반복 수행에 걸린 시간의 차이가 거의 없게 되는 것이다.

4

다른 문자열 안에서 주어진 문자열을 탐색하는 함수부터 구현하라. 오캐믈 표준 문고의 `String` 모듐에서 유용한 함수를 찾아 조립하거나, 오캐믈의 제1원리로부터, 즉 오캐믈의 기본 표현식을 구사하여 작성할 수도 있겠다. 이 작업이 완료되면 나머지는 간단하다.

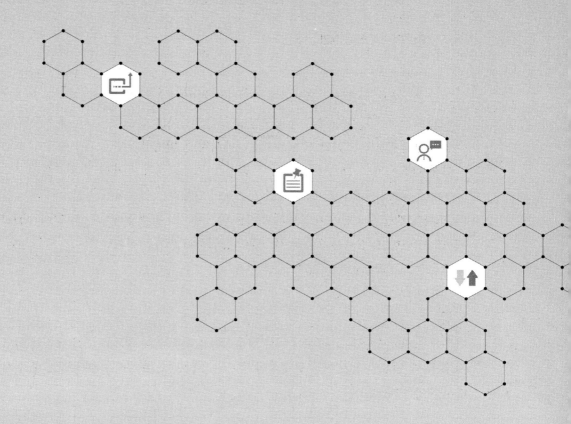

오류에 대처하기

작은 프로그램도 처음에는 올바르게 작성하는 것이 매우 어렵다. 안타깝게도 프로그래밍의 불가피한 요소는 실수의 탐색과 수정이다. 오캐믈 시스템은 프로그래밍 실수의 탐색과 수정 과정에 유용한 다양한 전언(message, 메시지)을 발행한다.

이제부터는 프로그램을 용인할 수 없거나 프로그램이 문제를 소위 "실행 시 오류(run-time error)"를 일으킬 때 오캐믈 시스템이 인쇄하는 일반적인 전언에 대해서 설명한다. 또한 오캐믈 시스템이 개발자의 주의를 환기시키기 위해 인쇄하는 경고(warning)에 대해서도 설명한다. 경고는 오캐믈 시스템이 용인하여 평가는 하지만 실수가 내포되어 있을 수도 있는 프로그램을 처리할 때 발령된다.

오류

다음에 소개할 전언은, 표현식에 어떤 형식적인 잘못이 있어 평가를 위한 용인이 이루어지지 않을 때 인쇄된다. 이때는 표현식이 평가되지 않는다. 표현식을 수정하고 평가 시도를 다시 해야 한다.

문법 오류

이 오류는 오캐믈 시스템이 프로그램 원문에서 문법에 저촉되는 것을 발견할 때 발동되는 것이다. 언어의 *문법*(syntax)은 단어의 어울림 방법을 규정한다. 문법 오류는 오캐믈 언어의 문법으로 보아, **if**, **let** 등과 같은 단어나 기본적인 구문 성분이 유효하지 않거나, 또는 구문 성분들이 올바르게 조립되어 있지 않을 때 발동하는 오류이다. 프로그램 원문에서 오류가 발견되면, 주의 깊게 원문을 살펴보고 다시 시도하면 된다.

```
        OCaml
```

```
#1 +;;
Error: syntax error
```

오캐믈 시스템은 오류가 있다고 생각하는 부분에 밑줄을 그었다. 이 오류는 다양한 실수 및 문제에서 발생하므로, 밑줄이 실수의 정확한 위치를 정확하게 나타내지 않을 수도 있다.

미정치 ...

미정치(unbound value) 오류는 정의되지 않은 이름을 언급한 경우에 발생한다. "이름을 정의한다"는 것은 기술적으로는 "이름과 그 값을 정한다"는 말이다. 이 오류는 이름을 잘못 타자한 경우에도 발생할 수 있다.

> OCaml

```
# x + 1;;
Error: Unbound value x
```

이 예에서는 x가 정의되어 있지 않아서 밑줄을 그었다.

이 표현식의 유형은 ...이다. 그러나 예상한 유형은 ...이다.

이 오류는 매우 자주 나타난다. 이는 표현식이 문법적으로 올바른 경우, 즉 유효한 단어와 구문 성분으로 조립되었을 경우, 오캐믈 시스템이 표현식의 유형 검사로 넘어간 후에 발생한다. 표현식의 유형 검사는 표현식 평가의 사전 작업이다. 유형 검사로 문제를 확인한 경우, 오캐믈 시스템은 예상 유형과 실제 유형이 불일치한 위치를 표시한다.

> OCaml

```
# 1 + true;;
Error: This expression has type bool but an expression was
       expected of type int
```

이 예에서 오캐믈 시스템은 + 연산자 오른쪽에서 정수를 찾았는데, 본 것은 그 대신 bool 유형의 것이었다.

특히 함수가 재귀적인 경우, 문제의 진짜 원인을 파악하는 것이 항상 쉬운 것은 아니다. 그럼에도 불구하고 프로그램을 주의 깊게 살펴보면 종종 문제를 밝혀낼 수 있다. 각 함수와 그 인수를 살펴보면서 실수한 곳을 찾아보아야 한다.

이 함수에 적용할 인수가 너무 많다.

오류 문구가 있는 그대로를 정확하게 말하고 있다. 다음 예를 보면, 함수 이름에 밑줄을 그었다.

OCaml

```
# let f x = x + 1;;
val f : int -> int = <fun>
# f x y;;
Error: This function is applied to too many arguments;
        maybe you forgot a ';'
```

오류 문구 "maybe you forgot a ';'(아마도 쌍반점 ';' 쓰는 것을 잊은 것 같다)"는, 표현식의 서열(sequence) 구조에 적용되는 문구이다. 표현식의 서열은 표현식을 쌍반점으로 연결한 합성 표현식이다. 명령형 프로그래밍 방식을 구사할 때 활용한다. 합성 표현식 *expression1*; *expression2*의 평가는, *expression1*을 먼저 평가한 다음 *expression2*를 평가하는데, 합성 표현식의 평가 결과치로서는 *expression2*의 평가 결과치를 반환한다. 함수 적용을 연속적으로 하는 경우, 실수로 함수 적용 사이에 쌍반점 ';'을 빠뜨릴 수도 있다. 그러면 일반적으로 이 오류가 발생한다.

미정 생성자 ...

이 오류는 생성자를 정의하지 않은 채 생성자 이름을 사용할 때 발생한다.

OCaml

```
# type t = Roof | Wall | Floor;;
type t = Roof | Wall | Floor
# Window;;
Error: Unbound constructor Window
```

오캐믈 시스템은 `Window`가 대문자로 시작하므로 생성자 이름으로 간주한다.

생성자 …의 인수는 …개여야 하는데, 그러나 여기서는 인수 …개에 적용된다.

이 오류는 어떤 유형의 생성자를 적용할 때 인수 개수가 틀리면 발생한다. 유형에 관한 또 하나의 오류이기는 하지만 특수 문구가 나타난다.

OCaml

```
# type p = A of int | B of bool;;
type p = A of int | B of bool
# A;;
Error: The constructor A expects 1 argument(s),
       but is applied here to 0 argument(s)
```

실행 시 오류

프로그래밍 언어가 유용성에 있어 충분히 강력하다고 할지라도, 어떤 오류는 프로그래밍 시스템에서 표현식을 평가해 보기 전에는, 즉 "실행 시"까지는 그 존재를 간파할 수가 없다. 예외 처리 기제는 이러한 종류의 오류 문제를 처리하고 프로그램 실행 상태를 회복시키는 작용을 한다.

평가 중 더미 범람(되돌이 재귀?)

이 오류는 함수 실행 과정에서, 작업용 중간 표현식이 너무 크게 만들어질 때 발생한다. 이러한 상황은 프로그램 작성 실수로 인해 함수 실행이 중지되지 않거나, 인수가 너무 큰 경우에 발생할 수 있다.

OCaml

```
# let rec f x = 1 + f (x + 1);;
val f : int -> int = <fun>
```

```
# f 0;;
Stack overflow during evaluation (looping recursion?).
```

대처 방법은 무한 재귀의 원인을 찾아내서 다시 시도하는 것이다. 여기에서 더미(stack)는 함수의 실행 환경을 기록해 두는 자료구조이다. 만일 실제로는 프로그램 작성 실수가 없었다면, 누적 인수를 사용하여 함수가 꼬리 재귀형이 되도록 함수를 다시 작성하는 것이 좋다.

예외: 어울림_실패 ...

문양 어울림 작업에서 어울리는 상대를 찾을 수 없을 때 발생한다. 프로그램이 처음 입력될 때, 이 오류의 발생 가능성에 대해 경고를 받았을 것이다. 예를 들어, 함수 f가 다음과 같이 정의되었다고 하자.

```
let f x = match x with 0 -> 1
```

이때, 인숫값 1을 가지고 함수를 사용하면 다음과 같은 결과가 나온다.

OCaml

```
# f 1;;
Exception: Match_failure ("//toplevel//", 1, 10).
```

이 예에서, 어울림 실패는 최고위층(top level)에서, 즉 사용 중인 대화형 오캐믈 시스템에서 발생했음을 알 수 있다. 그 위치는 첫 번째 줄, 열 번째 문자이다.

예외: ...

이러한 오류 문구는, 발동된 예외가 처리되지 않고 오캐믈 시스템에 도달하면 인쇄된다.

OCaml

```
# exception Exp of string;;
exception Exp of string
```

```
# raise (Exp "Failed");;
Exception: Exp "Failed".
```

이는 Division_by_zero 또는 Not_found와 같은 내장 예외가 발동될 때 또는 사용자가 위예의 Exp와 같이 정의한 예외가 발동될 때 출력될 수 있다.

경고

경고는 표현식을 용인하거나 또는 평가하는 것을 중단시키지는 않는다. 경고 문구는 표현식을 용인한 후, 표현식을 평가하기 전, 그 사이에 인쇄된다. 경고는, 실제로 표현식에 잘못이 없는 경우에도 오캐믈 시스템이 사용자의 실수 가능성을 우려하여 발동하는 것이다. 새로 나타나는 경고 하나하나를 프로그램에서 주의 깊게 검토해 보아야 한다.

이 문양 어울림은 완비되지 않았다.

이 경고는 오캐믈 시스템이 문양 어울림에서 하나 이상의 어울림 사례를 누락했다고 판단한 경우에 인쇄된다. 대처하지 않으면 Match_failure 예외가 실행 시에 발동될 수 있다.

OCaml

```
# let f x = match x with 0 -> 1;;
Warning 8: this pattern-matching is not exhaustive.
Here is an example of a value that is not matched:
1
val f : int -> int = <fun>
```

유용하게도, 오캐믈 시스템은 문양 어울림에서 다루지 않았던 어울림 사례에 대한 본보기를 생성할 수 있다. 이를 통하여 빠뜨린 사례를 귀띔해 준다. 경고를 무시해도 되는 때는, 다른 어떤 이유로 빠뜨린 사례가 발생할 수 없다는 것을 알고 있을 경우이다.

이 어울림 사례는 사용하지 않는다.

이 오류는 문양 어울림의 서로 다른 어울림 사례가, 같은 경우를 다룰 때 발생한다. 이 상황에서 뒤에 있는 어울림 사례는 고려할 수 없는 사례가 된다. 따라서 개발자가 실수한 것이 거의 확실한 것이다. 다음 예를 보자.

OCaml

```
# let f x = match x with _ -> 1 | 0 -> 0;;
Warning 11: this match case is unused.
val f : int -> int = <fun>
```

이 경우, 첫 번째 어울림 사례는 모든 것과 어울리기 때문에, 두 번째 어울림 사례를 고려할 기회가 없게 된다.

이 표현식은 유형이 단원이어야 한다.

명령형 프로그램을 작성할 때는 이따금 부작용을 일으키는 함수의 함숫값을 무시하는 경우가 있다. 그 이유는 반환되는 함숫값이 중요한 것이 아니라 함수의 부작용 성취가 목표이기 때문이다. 그러나 이러한 경우에도, 경고를 받을 수 있다.

OCaml

```
# f 1; 2;;
Warning 10: this expression should have type unit.
- : int = 2
```

표현식의 서열에서 쌍반점 ';' 앞에 있는 표현식의 평가치는 무시된다. 경고는 이러한 사실을 상기시켜 주고 있다. 이 경우, 경고를 막으려면 내장 함수 ignore를 사용하여, 함숫값 무시를 명시적으로 표현하는 것이 좋다. 함숫값 즉 표현식의 평가치를 무시한다는 것은 그 값이 헛것이라고 하면 된다. 헛것이 소속한 유형이 바로 단원(unit) 유형이고 헛것이 유일한 요소인 유형이다. 따라서 어떤 값이 헛것이라는 말은 그 값의 유형이 단원이라는 말과 같다.

OCaml

```
# ignore (f 1); 2;;
- : int = 2
```

ignore 함수의 유형은 $\alpha \to$ unit이다. 함수의 부작용은 없다.

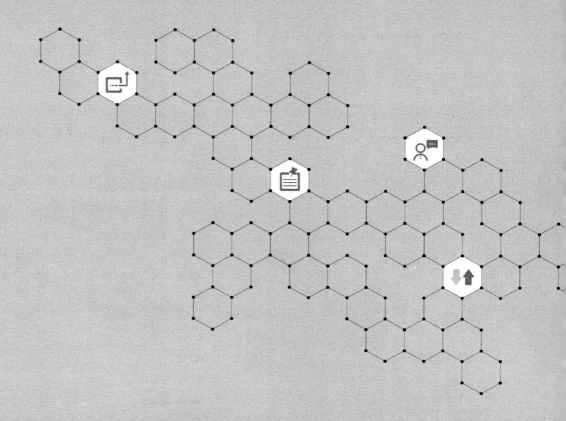

INDEX